Bettina Latt

Fehmarn mit Hund

Ein Inselführer

**Man kann auch ohne Hund leben
es lohnt sich nur nicht**
(Heinz Rühmann)

Bibliographische Information der Nationalbibliothek

Die deutsche Nationalbibliothek verzeichnet diese Publikation in der deutschen Nationalbibliografie; detaillierte bibliografische Daten sind im Internet unter http://dnb.d-nb.de abrufbar.

Fehmarn, Juli 2015

http://fehmarn-mit-hund.com

Lektorat: U. Pfeiffer
Cover: 123RF/Gestaltung: Jens Latt

© Icons: Pixabay

Fotos aus dem Umschlag und im Innenteil:
© Bettina Latt

Inselkarte:© googlemaps

Herstellung und Verlag:
BoD – Books on Demand, Norderstedt
ISBN: 9783734762505

1 Neujellingsdorf
2 Gold
3 Staberdorf
4 Fehmarnsund
5 Wulfen
6 Südstrand/Burgtiefe
7 Burgstaaken
8 Burg
9 Meeschendorf
10 Staberhuk
11 Katharinenhof
12 Presen
12a Klausdorf/Marienleuchte
13 Puttgarden
14 Gammendorf/Niobe-Denkmal
15 Altenteil
16 Westermarkelsdorf
17 Bojendorf
18 Flügger Leuchtturm
19 Lemkenhafen

Fehmarn mit Hund 6

Der Strand von Gold 8

Der Strand von Strukkamp 13

Der Strand von Fehmarnsund 17

Der Strand von Wulfen 19

Der Südstrand/Burgtiefe 23

Burgstaaken 29

Burg 34

Der Strand von Meeschendorf 38

Der Strand von Staberhuk 40

Der Strand von Katharinenhof 41

Der Strand von Presen 44

Der Strand von Marienleuchte 46

Grüner Brink in Puttgarden 47

Der Strand von Gammendorf/ Niobe-Denkmal 50

Der Strand von Altenteil 52

Der Strand von Westermarkelsdorf 54

Der Strand von Bojendorf 57

Flügger Leuchtturm 58

Lemkenhafen 64

Meine Lieblingsrouten 66

Mal `runter von der Insel 69

Fehmarn für zu Hause 70

Frühstücken mit Hund 73

Geocachen auf Fehmarn 74

Beschäftigung für den Hund 75

Interview mit einer Fehmaranerin 82

Hundefreundliche und von der Autorin getestete
Restaurants und Cafés: 85

Die Strände der Insel Fehmarn 87

Hundefutter und Zubehör 91

Tierärzte in Fehmarn u. Umgebung 92

Informationen für Hundehalter und Gäste in
Schleswig-Holstein 94

Liebeserklärung von Frauchen an uns Hunde:
Carlos, Barney und Marie 97

Schnüffelkurse 98

Kontakt für Schnüffelkurse: 99

Zur Autorin 99

Leseprobe aus „Die Beagle-GmbH" Eine
Hundegemeinschaft mit beschränkter Haftung 100

Fehmarn mit Hund

Fehmarn mit Hund ist toll! Dies einmal vorausgeschickt.

Gewiss gibt es viele andere Orte und Inseln, die man gut mit Hunden bereisen kann. Fehmarn jedoch ist die Insel der Hunde, der Windräder und Dorfteiche.

Nun kann man denken, dass man hier nur Leute mit Hunden trifft – stimmt … wenn man möchte.

Es gibt viele Naturstrände, an denen man auch mit seinem Hund allein durch die Dünen wandern kann.

Auf den folgenden Seiten stellen wir Ihnen Fehmarn aus Sicht eines Beagles namens Barney vor.

Guten Tag, mein Name ist Barney.

Ich bin ein frecher, verschmuster und sehr verfressener Beagle. Im Mai 2015 bin ich ganze zehn Jahre alt geworden. Darauf bin ich ziemlich stolz!

Während mein Frauchen diese Zeilen schreibt, lecke ich den letzten Rest aus meinem Fressnapf. Das nervt Frauchen ziemlich, weil ich dabei den Napf über den Boden schrabbe und dies minutenlang durchhalte – solange, bis der Napf eben sauber ist. Schließlich muss alles seine Ordnung haben.

Danach halte ich ein Schläfchen auf dem Sofa, weil es hier so gemütlich kuschelig ist. Ich freue mich schon auf einen schönen langen Spaziergang. Zur Zeit wohne ich auf Fehmarn in dem schönen, kleinen Neujellingsdorf (1).

Wenn ich auf dem Sofa sitze, kann ich bis zum Meer schauen. Heute ist es sehr stürmisch und ich kann die Schirme von den Kitesurfern im Wind tanzen sehen.

Frauchen meint, wir fahren nachher vielleicht in das Surferparadies in Gold und schauen uns die Kitesurfer näher an.

Der Strand von Gold

In Gold (2) ist es toll. Von dem kostenpflichtigen Parkplatz läuft man durch Gold zum Naturstrand. Hier gibt es durch die Surfschulen viele Surfer, denen man von den Bänken auf der großen Wiese aus zuschauen kann. Hier liege ich immer gern auf der Wiese und schaue auf das Meer und die Surfer. Persönlich traue ich mich ja nur mit den Pfoten kurz in das Wasser. Ich bin sehr wasserscheu.

Gold hat rechts herunter einen schmalen Naturstrand (Sand/Steine) und einen Deich, auf dem man laufen oder radeln kann. Man blickt über die Felder, das Meer und die Bucht von Lemkenhafen. Im Sommer ist es hier herrlich.

Links führt ein schmaler Weg etwas bergan und dann auf einen Feldweg, der direkt oberhalb der Klippen entlang geht.

Wir radeln immer von Neujellingsdorf (1) zwischen den Feldern hindurch bis Lemkenhafen und biegen dann links ab in die Ferienhaussiedlung Westerbergen. Hier fahren wir zwischen den Häusern hindurch auf den Deich und ab geht's Richtung Gold (2). Dies sind ca. 4 km.

Der Weg zum Deich ist mit einem einfachen Holzschild ausgeschildert, auf dem „Gold" steht. Hier dürfte ich frei laufen – wenn ich kein Beagle wäre. Ich würde hier am liebsten auf Hasenjagd gehen – so muss ich leider an der Leine bleiben.

Im Sommer begegnen uns hin und wieder andere Fahrradfahrer und einige Fußgänger – ansonsten ist es hier ruhig und idyllisch. Man hört nur das Kreischen der Möwen, und manchmal das Lachen der Kinder, die in Gold oder Westerbergen im flachen Wasser spielen oder sich auf den Surfbrettern und Luftmatratzen treiben lassen.

Auf dem Deich kann man immer wieder anhalten, sich an den schönen Naturstrand (Sand und Steine) setzen, die Ruhe und den Blick über das Meer genießen. Frauchen radelt gern hier her, wenn die Sonne scheint, und verweilt dann immer am Wasser. Mein Kumpel Carlos, ein Magyar-Vizsla darf auch oft mit. Er kann hier jede Menge Schmetterlinge beobachten und sich stundenlang damit beschäftigen, die Schmetterlinge zu fangen. Das gelingt ihm natürlich genauso wenig wie mir, einen Hasen zu fangen.

Frauchen radelt am liebsten abends noch einmal eine Runde von Neujellingsdorf nach Westerbergen, durch den Ort hindurch auf den Deich Richtung Gold.

Hier genießen wir die wunderschönen Sonnenuntergänge von Fehmarn, schauen den Kitern und Surfern zu und radeln wieder zurück über Lemkenhafen, immer am Wasser entlang. Meist nehmen wir für Herrchen noch leckeren Räucherfisch aus der Aalkate in Lemkenhafen mit und radeln über die Landstraße zurück nach Neujellingsdorf.

Herrchen fährt gerne nach Gold, um eine Currywurst zu essen. Es gibt dort ein fast am Strand gelegenes Bistro namens „Achtern Diek". Im Winter ist alles geschlossen, aber ab April gibt es hier die beste Currywurst der Insel und für Frauchen einen leckeren Salat oder Kuchen und einen Chailatte.

Die Surfer kommen direkt aus dem Wasser hier schnell mal eine Kleinigkeit essen und flitzen danach gestärkt wieder über die Wellen. Natürlich dürfen wir Hunde auch mit ins Café. An kalten Tagen wärmt ein Kaminofen meinen Rücken, an schönen Sommertagen schauen wir draußen auf der Terrasse den Surfern und Kitern zu. Frühstück gibt es hier auch.

Nach einem Besuch im „Achtern Diek" kann man links über einen kleinen Trampelpfad den Deich erklimmen und weiter wandern, oder auch radeln.

Es geht an wogenden Kornfeldern und dem Strand entlang – immer mit Blick auf die Fehmarn-Sund-Brücke (auch „Kleiderbügel" genannt) und das Meer.

Mein Tipp: Mit dem Fahrrad von Lemkenhafen über den Deich nach Gold radeln, dort kurz auf einer der Bänke am Wasser verweilen, den Surfern zuschauen und weiter auf dem Deich bis zu dem kleinen Leuchtturm Strukkamphuk radeln. Von der Bank am Leuchtturm den Blick bis zur Fehmarn-Sund-Brücke und über das Meer genießen. Zurück kann man über die Landstraße radeln oder wieder am Meer entlang.

Es ist herrlich, von Kitern überholt zu werden und ihnen hinterherzusehen, wie sie über die Wellen sausen. Wer noch nicht umdrehen mag, kommt dann irgendwann nach Strukkamphuk und dem kleinen weißen Leuchtturm.

Der Strand von Strukkamp

Direkt unter der Brücke gibt es ebenfalls einen schönen Naturstrand. Man muss nur in Richtung Strukkamp (3) fahren. Hier kommt man auf einen kleinen kostenlosen Parkplatz und kann zu Fuß zwischen hohen Gräsern entlang zum Strand gehen.

Hin und wieder gibt es einen kleinen sandigen Platz, um sich hier im Sommer mit Handtuch und seinem Hund niederzulassen.

Der Strand ist steinig mit kleinen sandigen Plätzen dazwischen. Die Steine sind auch im Wasser, was meinen Pfötchen nicht ganz so viel ausmacht. Im Sommer ist die

Abkühlung herrlich und es ist hier nicht viel los. Wir haben einige Familien mit Kindern beobachtet, die auf der Treppe nach oben die Brücke erklommen haben, um die grandiose Aussicht zu genießen. Ich bin mit Frauchen lieber am Strand geblieben, habe den vielen weißen Segelbooten auf dem glitzernden Wasser nachgesehen und die Ruhe am Meer genossen.

Direkt am Parkplatz steht ein kleines Wetterhäuschen, das bei einsetzendem Regen schützt. Vorn am Wasser steht eine Bank, die zum Ausruhen einlädt.

Links von dem Parkplatz Strukkamp kann man unter der Brücke hindurchlaufen auf die andere Seite.

Rechts herunter führt ein schmaler Weg zwischen Heckenrosen und Feld entlang an den Gärten von fünf Häusern vorbei und endet auf einer großen grünen Wiese. Diese führt zu einem wunderschönen kleinen Leuchtturm – dem Strukkamphuk.

Der Leuchtturm ist nur 5 m hoch und wurde 1935 anstelle eines eisernen Laternenhäuschens errichtet. Er ist eingezäunt und kann leider nicht besichtigt werden.
Die Aussicht über die grüne Wiese und das Meer sowie der Weg dorthin sind jedoch herrlich.

Mein Tipp: Mit dem Auto oder dem Fahrrad nach Strukkamp fahren, auf dem kleinen Parkplatz parken, auf der Bank am Meer die Aussicht genießen und auf dem asphaltierten Weg auf die Brücke laufen. Unbedingt die Fotokamera mitnehmen! Der Blick geht bei schönem Wetter über den Leuchtturm von Strukkamphuk hinweg bis zum Flügger Leuchtturm. Mütze oder Kapuze nicht vergessen! Es ist oft sehr windig auf der Brücke.

Gegenüber dem kleinen Leuchtturm steht eine Bank und ein großer geschwungener und drehbarer Holzliegestuhl. Beides lädt dazu ein, einen Augenblick inne zu halten und den Blick über das weite Meer schweifen zu lassen.

Ich flitze hier gern um die Ecke herum. Es geht dann noch ein Stück weiter über eine große Wiese bis zum Campingplatz Strukkamp. An diesem führt der Weg vorbei und man kann dann auf dem Deich Richtung Lemkenhafen weiterlaufen.

Mein Tipp: Auf der Bank oder dem Holzstuhl vor dem Leuchtturm ausruhen und den Blick über das Meer und auf die Brücke genießen.

Ganz wunderbar ist es auch, wenn man von Lemkenhafen nach Gold radelt und dann über das kleine Örtchen Albertsdorf zurück.

Hier lohnt es sich auf jeden Fall im Hofcafè Albertsdorf anzuhalten und ein leckeres Stück Kuchen zu essen oder mitzunehmen.

An warmen Tagen sitzt man linker Hand unter einzelnen Pavillons oder rechts in Strandkörben oder einzelnen Tischen. Unter den Pavillons kann man es auch an wärmeren Tagen und bei leichtem Regen gut aushalten.
Aufgrund der offenen Küche in dem Café darf ich hier leider nur im Außenbereich mit, jedoch nicht mit ins Café. Das macht mir nichts. Draußen finde ich es viel schöner.

Im Café ist Selbstbedienung, den Kuchen sucht man also im Café aus und nimmt ihn gleich mit an den Sitzplatz. Die Kuchenauswahl ist sehr groß und jeder Kuchen, den wir bisher hier gegessen haben, ist sehr lecker. Ich liege natürlich immer brav unter dem Tisch und bekomme ein kuchenfreies Leckerli.

Mein Tipp: Nach einem langen Strandspaziergang in den Garten des Hofcafès Albertsdorf einkehren und ein leckeres Stück Kuchen oder eine heiße Suppe essen - je nach Wetter.

Das Hofcafè Albertsdorf verkauft den Kuchen auch zum Mitnehmen. An regnerischen Tagen holen wir hier gern ein Stück Kuchen für zu Hause.

Der Strand von Fehmarnsund

In Strukkamphuk kann man sich anstatt nach rechts (Richtung Leuchtturm) auch nach links wenden, um unter dem Wahrzeichen der Insel – der Fehmarnsund-Brücke – entlang zu wandern.

Ist man unter der Brücke hindurchgelaufen und hat den kleinen Hafen umrundet, gelangt man an einen schönen Sandstrand – den Strand von Fehmarnsund (4). Hier kann man kilometerweit am Strand laufen – immer mit Blick auf die Brücke. Oder man hat die Brücke im Rücken – je nach Richtung. Frauchen findet, dass man hier die schönsten Fotos machen kann – auch von tollen Sonnenuntergängen.

Die Fehmarnsund-Brücke wurde im Jahr 1963 erbaut und ist also schon ziemlich alt. Sie ist fast 1 km lang.

Manchmal ist sie bei Sturm für LKWs gesperrt, neulich das erste Mal auch für normale Autos – das erzählte der Bauer bei uns im Dorf. Das kommt wohl nur selten vor.

Nach Fehmarnsund gelangt man auch mit dem Auto oder Fahrrad. Man fährt Richtung Avendorf, durch den Ort hindurch und hält sich dann rechts. Vorbei am Fährhaus, dann sieht man rechts bereits die lange Reihe der Parkplätze hinter dem Deich direkt am Strand.

Fehmarnsund hat einen herrlichen Sandstrand, an dem es sich kilometerweit laufen lässt – je nach Lust und Laune. Im Sommer ist es hier nicht ganz so voll wie am Südstrand, und ich darf auch mit.

Mein Tipp: Im Sommer mit oder ohne Hund an den feinsandigen Strand von Fehmarn-Sund fahren. Sonnenschirm und Wasser für den Hund nicht vergessen!

Der Strand von Wulfen

Wulfen (5) ist legendär. Allein der Weg dorthin erinnert an Österreich. Meine Leute meinen, sie fahren dann immer nach „Klein Österreich". Die Landschaft ist hügelig.

Um an den Strand zu gelangen, fährt man bergab und bergauf. Es geht an der Pension „Bergmühle" vorbei, linker Hand am Golfplatz bis zu dem Parkplatz auf der linken Seite an der Rückseite des Golfplatzes. Bereits hier hat man einen wunderschönen Blick auf das Meer.

Abends nimmt das Meer hier die für Fehmarn typischen Farben von grün bis blau an, es ist einfach wunderschön anzusehen. Zu Fuß geht es dann weiter, den Weg bergab, immer mit Blick auf das Meer. Eine Holztreppe führt hinab zum herrlichen Naturstrand an dessen Klippen die Bruthöhlen der Uferschwalben zu sehen sind.

Der Blick sowohl von oben als auch von unten lässt das Herz eines jeden Fehmarn- und Meerliebhabers schneller schlagen.

Rechter Hand bietet sich dem Betrachter der Blick auf die Fehmarnsundbrücke, linker Hand ein langer Sandstrand mit nur wenigen Steinen sowie einer Steilküste. Einfach herrlich!

Ich darf hier natürlich mit – es ist ja ein Naturstrand. Prima! Ich freue mich schon auf den Sommer.

Auf dem Rückweg kehren meine Leute gern im Restaurant „Seeblick" auf dem Campingplatz „Wulfener Hals" ein.

In der Saison war ich hier mit meinen Leuten noch nicht spazieren. Es gibt jede Menge Parkplätze vor dem Campingplatz – die sind jedoch alle kostenpflichtig. Außerhalb der Saison kann man immer am Wasser entlang bis zur äußersten Spitze spazieren gehen.

Es geht an einem Teich entlang, vorbei am Restaurant „Seeblick" mit schönen Außenplätzen direkt am Wasser. Auf der Internetseite www.wulfenerhals.de heißt es:

„Natürlich können auch Besucher unsere Gastronomieangebote in Anspruch nehmen, die nicht im Wulfener Hals wohnen. Fragen Sie dazu in unseren Restaurants nach einer Parkkarte. Wenn Sie einmal bei uns gegessen haben, erhalten Sie eine Gastkarte, damit Sie beim nächsten Mal einfach durch die Schranke fahren und kostenlos vor den Restaurants parken können."

Na bitte, das haben wir natürlich ausprobiert und waren angenehm überrascht. Das Restaurant liegt direkt an der Spitze des Campingplatzes am Wasser – ebenso die Parkplätze.

Die Terrasse ist mit Stühlen im Loungestil ausgestattet. Eine Glasscheibe bietet Windschutz, trübt jedoch nicht den grandiosen Blick auf das Meer. Innen ist es klein, aber fein. In der Saison sollte man hier auf jeden Fall reservieren – außerhalb der Saison kann man auch spontan einen Tisch ergattern.

Von allen Plätzen hat man einen umwerfenden Blick auf das Meer und linker Hand abends auf die drei beleuchteten Hochhäuser des Südstrandes und das Leuchtfeuer von Staberhuk. Die Bedienung ist wirklich sehr freundlich und zuvorkommend und geht auf alle individuellen Speisewünsche ein.

Die Speisekarte bietet viel Abwechslung sowie auch gluten- und laktosefreie Speisen an. Auch Pasta, Sour Cream und Soßen werden ebenso wie einige Eissorten und Latte Macchiato gluten- und laktosefrei angeboten.

Mein Tipp: Am Strand von Wulfen einen schönen Strandspaziergang machen und danach im Restaurant „Seeblick" direkt am Meer essen gehen. Im Sommer hier unbedingt vorher einen Tisch bestellen.

Hunde sind hier willkommen – ich allerdings nicht mehr. Ich habe mich schlecht benommen und ein Brötchen samt Serviette vom Tisch gemopst und in Windeseile vertilgt. Daraufhin wurde ich von Frauchen samt der noch halb heraushängenden Serviette aus dem Restaurant verwiesen und musste eine Stunde im Auto warten.

Ich verstehe bis heute nicht ganz, weshalb ich gehen musste. Schließlich hatte ich auch noch nicht zu Abend gegessen und Hunger. Naja, ich hatte beim Warten im Auto einen grandiosen Blick auf das Meer und die Wellen – das hat mir das Warten leicht gemacht

Der Südstrand/Burgtiefe

Der Südstrand (6) von Fehmarn ist die Perle unter den Stränden. Feinster Sandstrand, wohin das Auge blickt. Im Sommer jede Menge Strandkörbe, eine Strandpromenade mit vielen Bänken, Cafés, einem Strandbistro, Restaurants, einem Kinderspielplatz, einer Beachbar und der Krönung: Natürlich einem Hundestrand.

Am Südstrand fährt man auf dem großen (auch im Winter) kostenpflichtigen Parkplatz mit seinem Hund am besten bis ganz hinten. Am Ende des gepflasterten Parkplatzes beginnt ein weiterer Schotterparkplatz, der jedoch meist nur zur Hochsaison im Sommer geöffnet wird.

Im Winter ist die Einfahrt durch große Steine versperrt. Man kann jedoch mit seinem Hund an den Steinen vorbei zu einem Weg laufen, der dann über eine große Wiese bis zur Promenade (DLRG-Station) führt. Es geht dann ein Stück links auf der Promenade entlang.

Dort gibt es einen durch Schilder ausgewiesenen sehr feinsandigen breiten Hundestrand, der zum Toben und Spielen einlädt. Auf der Promenade gibt es WC und Kiosk.

Jagdhunden und solche, die es werden wollen, wird empfohlen, auf der Wiese nach dem Parkplatz an der Leine zu gehen. Die Hasen sind hier immer sehr vielzählig vertreten.

Direkt in den Sommerferien kann man jedoch niemanden empfehlen, hier seinen Hund mitzunehmen. Die Parkplätze sind überfüllt, der Strand entsprechend auch. Wer früh kommt, kann hier für 8,50 € (Stand 2014) einen Strandkorb für den ganzen Tag mieten. Mir ist das ja meistens im Sommer sowieso zu warm. Frauchen liegt im Sommer manchmal gern im Strandkorb direkt am Wasser und genießt die Ferien, holt zwischendurch mal ein Eis und findet den heißen feinen Sandstrand unter den Füßen herrlich.

Am Südstrand gibt es kurz vor dem Hundestrand ein Volleyballnetz für Beach-Volleyball.

Die Trendsportart auf Fehmarn seit dem Jahr 2014 ist jedoch Stand Up Paddling. Hierbei steht man auf einem Board und paddelt in aller Ruhe auf dem Wasser - vorausgesetzt, man kann das Gleichgewicht halten.

Natürlich kann man auch seinen Hund auf das Board setzten, sofern dieser nicht wasserscheu ist. Ich bleibe lieber am Strand - mir ist das zu nass.

Abends lässt sich die besondere Stimmung am Südstrand sehr gut bei einem Spaziergang auf der langen Promenade genießen. Hier darf ich dann immer an der Leine mit – es ist ja dann nicht mehr so warm.

Der Südstrand ist immer einen Besuch wert – egal, ob im Frühling, Sommer, Herbst oder Winter.

Hunde sind am Südstrand sowohl in als auch außerhalb der Saison – außer am ausgewiesenen Hundestrand – nicht erlaubt. Auf der Promenade stehen überall Hundetoiletten mit dazugehörigen Beuteln, so dass ein Spaziergang auf der Promenade mit Hund kein Problem darstellt.

Parkt man gleich am Beginn des Parkplatzes, geht es zwischen dem Schwimmbad- und Wellnesscenter von Fehmarn, dem „FehMare" und den Hochhäusern hindurch zum Strand und der Promenade. Hier stehen von April/ Mai bis Ende Oktober einige Wagen, wie z.B. die Quarkerine oder auch ein Wagen mit Burgern. Bei Quarkerine werden leckere Quarks in verschiedenen Geschmacksrichtungen und Fettstufen mit verschiedenen Beilagen wie frischem Obst, Nüsse oder Mandeln, alles zum Mitnehmen, angeboten. Der Hund darf mit auf die Promenade - nur nicht dort vorn an den Strand.

Mein Tipp: Einen Quark oder ein Eis holen und sich auf eine Bank auf der Promenade setzen und den Blick auf das Meer genießen - im Herbst besonders schön -!

Läuft man die Promenade weiter nach links, kommt man an der Beach Bar vorbei. Der Hund darf hier nicht in die Bar hinein, aber mit auf die Terrasse. Hier gibt es einige Kleinigkeiten zu essen, selbstverständlich auch Eis oder Kuchen. Die Beach-Bar schließt meist Ende Oktober,

27

öffnet jedoch an den Adventswochenenden und zum Jahresende noch einmal. Dann gibt es hier Glühwein und Grog. Der Meerblick hierbei ist gratis.

Bitte beachten: Der Parkplatz am Südstrand ist auch im Winter teilweise kostenpflichtig.

Geht man an der Beach-Bar und dem Kinderspielplatz vorbei, beginnt der offizielle Hundestrand am Südstrand.

Mein Tipp: An der Beach-Bar ein Eis kaufen und damit das kurze Stück zum Hundestrand versüßen.

Wendet man sich vorn am „Fehmare" nach rechts, läuft die Promenade bis zum Ende, befindet sich hier das Café „Sorgenfrei". Das Café liegt direkt am Meer – an der Westmole, bei der Hafeneinfahrt zum Jachthafen Burgtiefe.

Hunde dürfen hier nicht hinein – auch keine kleinen Hunde, was das Schild an der Eingangstür ausdrücklich besagt. Ich bleibe daher immer mit Herrchen draußen auf der Holzterrasse und Frauchen geht zwei leckere Latte Macchiato holen.

Hier draußen finde ich es bei schönem Wetter – auch im Herbst – herrlich. Man sitzt direkt am Meer, kann die hereinkommenden Fischerboote beobachten, die von vielen Möwen umgeben sind. Das macht gleich hungrig auf leckeren gebratenen Fisch.

Mein Tipp: Im Café „Sorgenfrei" einen leckeren Latte Macchiato trinken oder eine Kleinigkeit essen, die Promenade entlang bummeln und weiter bis zum Strand nach Meeschendorf laufen. Dort ein Eis essen und auf dem Rückweg das letzte Stück am Hundetrand „Südstrand" gehen.

Meistens fahren wir vom Café Sorgenfrei immer direkt zum Hafen nach Burgstaaken und holen frischen Dorsch direkt vom Kutter. Hier muss man manchmal schnell sein und die richtige Uhrzeit treffen. Diese liegt irgendwo zwischen 10.00 und 13.00 Uhr – je nach Jahreszeit.

Also, Leute, einfach mal in den Hafen fahren und nach Fisch fragen. Wenn man keinen mehr vom Kutter bekommt, kann man jeglichen Fisch auch in dem „Fischlädchen" mit angrenzendem Restaurant kaufen. Hier gibt es auch leckere Fischbrötchen.

Burgstaaken

Der Hafen von Burgstaaken (7) ist sehr interessant. Hier gibt es täglich frischen Fisch, man kann in einem der Segelgeschäfte Taschen und andere Sachen nähen lassen – der Fantasie sind keine Grenzen gesetzt. Man muss es nur mit dem Besitzer des Geschäftes besprechen. Es gibt schöne Mützen, Jacken und andere warme Sachen für meine Leute und für Kids einen Kletterpark in einem Silo. Hier war ich natürlich noch nicht, obwohl ich schon gern klettere – allerdings nicht die Wand hoch.

Im Hafen gibt es einmal im Jahr ein großes Hafenfest mit allerlei Buden und manchmal auch ein Riesenrad.

Sehr schön ist es auch im Cafè „Pier 37". Hier gibt es samstags und sonntags leckeres Frühstück mit selbst gemachter Marmelade, ansonsten täglich hausgemachte Waffeln, Kuchen und andere Kleinigkeiten. Der Besitzer, Pierre Ehler ist auf der Insel für seine gemixten und teilweise selbst kreierten Cocktails bekannt. Man sitzt gemütlich auf einem der Sofas - an kühlen Tagen vor dem prasselnden Kaminfeuer - und genießt die „Wohnzimmer-atmosphäre".

Parken kann man kostenfrei auf dem zum Cafè gehörenden Parkplatz hinter dem Haus. Von hier führt ein Weg durch ein schmales kleines Wäldchen. Das ist prima für uns Hunde vor und nach dem Besuch des Cafès. Klar, dass wir auch mit in das Cafè dürfen. Pierre Ehler ist sehr hundelieb.

Benötigt man eine außergewöhnliche Tasche, kann man diese bei Sailmarker Larsens neben dem „Pier 37" erwerben. Die Tasche kann man sich auf Wunsch anfertigen lassen. Auf jeden Fall passt ein Napf, Leckerlis und eine Wasserflasche für unterwegs hinein.

Mein Tipp: An kühlen Tagen vor dem Kaminfeuer im „Pier 37" gemütlich frühstücken, danach in dem Geschäft gegenüber (Baltic Kölln) etwas shoppen oder sich eine neue Tasche bei Sailmarker Larsens aussuchen. Im Baltic Kölln gibt es oft Markenartikel, z.B. von Gaastra reduziert. Nach dem Shoppen frischen Fisch vom Kutter oder „Fischlädchen" holen und abends in der Pfanne mit Bratkartoffeln oder Gemüse braten.

Sehr schön ist auch das „Lotsenhus" im Hafen. Wer mit seinem Hund hier essen möchte, wendet sich beim

Eingang nach rechts. Hier ist Selbstbedienung und der Hund darf nicht nur auf die Terrasse, sondern auch mit in das Restaurant hinein. Die Bedienung ist sehr freundlich. Insbesondere an kühleren Herbsttagen ist es hier ganz wunderbar mit Blick über die schaukelnden Boote bei einem leckeren Essen. Neben Fischbrötchen und Fischgerichten gibt es z. B. auch Nudelgerichte, Currywurst und andere Kleinigkeiten.

Auch im „Fischlädchen" gibt es natürlich frischen und geräucherten Fisch, Fischbrötchen und Mittagstisch mit großen Portionen. Nebenan sorgt eine Eisdiele mit leckerem Eis oder Cappuccino und Kuchen für den Nachtisch. Der schöne Blick auf die Boote ist gratis.

An sonnigen, aber kühlen Tagen sitzt man ganz herrlich windgeschützt im „Café El Sol" neben dem U-Boot-Museum. Hier hat man einen grandiosen Blick auf die Fehmarn-Sund-Brücke und das Meer.
Im „Café El Sol" gibt es leckere Torten, Pfannkuchen, z. B. mit Himbeer-Panacotta, Waffeln aber auch Pizza, Salat, Flammkuchen oder andere Gerichte.

Auf dem Weg vom „Fischlädchen" zum „Café El Sol" bummelt man an vielen bunten Fischerbooten vorbei, immer mit Blick auf das Meer. Hier kommt mit einem Fischbrötchen in der Hand echte Urlaubsstimmung auf. Manchmal ruhen wir auf den Steingabbionen aus und ich bekomme ein winziges Stück von dem Brötchen

Hafenimpressionen

Kurz vor dem Cafe „El Sol" starten Fahrten mit dem Boot zur Fehmarn-Sund-Brücke oder auch zum Hochsee-angeln. Ich bleibe lieber zu Hause, da ich nicht genau weiß, ob mir das Schaukeln auf so einem Boot bekommt.

Seinen Hund darf man sowohl auf die Terrasse des „Fischlädchen" als auch auf die Terrasse der Eisdiele oder im „El Sol" mitnehmen.

Mein Tipp: An einem schönen Sonnentag (mit vielleicht kühlem Wind) mit dem Hund im „Cafè El Sol" einen leckeren Pfannkuchen oder Waffeln mit einem Latte Macchiato genießen und dabei den Segelbooten auf dem Meer zuschauen.

Burg

In Burg (8) kann man herrlich shoppen – sagen zumindest meine Leute. Für mich gibt es im grünen Kaufhaus bei Rathjen gutes Hundefutter oder einen schicken Kamm für meine Freundin, die Labradorhündin Annie. Wenn Frauchen hier etwas kauft, bekomme ich immer ein Leckerli. Das find ich klasse! Ich darf auch mit ins Kaufhaus Stolz. Wenn meine Leute Hunger bekommen, gehen sie in einem der vielzähligen Restaurants etwas essen.

Meine Leute gehen am liebsten zu Netti's. Abends sollte man hier allerdings einen Tisch vorbestellen – vor allem während der Saison. Es gibt hier das ganze Jahr Ente mit Rotkohl und Klößen satt, ebenso Schnitzel satt – und ich darf hier auch mit. Frauchen isst bei Netti's gern Salat oder leckere Fischgerichte.

Bei Netti's sind alle ganz freundlich zu Hunden, zu Kindern und natürlich auch zu den übrigen Gästen. Ich bekomme hier von der Bedienung immer ein Leckerli, weil ich so brav unter dem Tisch liege. Von hier kann ich gut die anderen vierbeinigen Gäste sehen, die auch alle artig unter den Tischen liegen.

Natürlich gibt es in Burg auch noch jede Menge anderer Restaurants. Wer hungrig ist, findet für jeden Geschmack etwas - sei es Fischrestaurants, ein Pfannkuchenhaus oder auch an der Rückseite von Stolz ein gemütliches Kartoffelhaus. Am besten schaut man schon einmal beim Bummeln durch Burg, welches der vielen Restaurants für ein leckeres Essen geeignet ist.

Die wohl größte Teeauswahl, dazu außergewöhnliche Kaffeesorten, wie z. B. mit Zimt, leckere Milchshakes und selbstgebackenem Kuchen mit großen Stücken gibt es im „Cafè im Hof Teekontor" in Burg.

Wer auf dem großen Parkplatz an der Schule in Burg parkt und Richtung Hauptstraße geht, kommt automatisch am „Cafè im Hof Teekontor" vorbei. Hunde dürfen hier natürlich mit in das Café. Man sitzt gemütlich in Ledersesseln oder auf der Außenterrasse und kann danach auch Tee oder Kaffee in sehr vielen verschiedenen Geschmacksvariationen als Urlaubserinnerung mit nach Hause nehmen.

Im „Café Jedermann" (an der Rückseite vom Kaufhaus Stolz gelegen) kann man frühstücken und auch hier gibt es sehr leckeren hausgemachten Kuchen. Es gibt einen kleinen Biergarten hinter dem Café. Hunde sind hier willkommen.

Wer morgens durch Burg bummelt, sollte unbedingt im „Cafè Liebevoll" einkehren. Es gibt hier ungewöhnliches Frühstück, leckeren Kaffee oder Tee und selbst-gebackenen Kuchen. Das Cafè ist klein, mit liebevollen Details eingerichtet und macht daher seinem Namen alle Ehre. Es gibt z. B. Zeitungen zu lesen, die von einer Mausefalle an der Wand gehalten werden.

Die Straße mitten durch Burg ist eine alte Straße mit Kopfsteinpflaster und vielen Geschäften und Restaurants. Im Sommer kann man fast in jedem dieser Restaurants draußen sitzen. Natürlich dürfen dann überall Hunde mit.

Wer mitten in Burg keinen Parkplatz findet, kann auf dem großen kostenpflichtigen (von März-Ende Oktober) Parkplatz gegenüber der Kerzenfabrik parken.

Mein Tipp: In Burg durch die Geschäfte bummeln, nachmittags in eines der schönen Cafés einkehren und abends mit Hund zu „Netti`s" leckeren Fisch, Schnitzel, Salat oder Ente essen (Ente am besten mit Vorbestellung). Tischreservierung empfohlen!

Ende August findet in Burg das alljährliche Harleytreffen statt. Da ist dann ein Höllenlärm, und ich bleibe meist zu Hause.

Letztes Jahr durfte ich allerdings mit. Wir sind von Neujellingsdorf nach Lemkenhafen und über den Deich nach Orth geradelt. Gerade als wir in Orth ankamen, blubberten die vielen Harley's an uns vorbei. Alle Motorradfahrer haben gewunken und gelacht.

Im Hafen haben dann alle kurz Station gemacht, und wir konnten die schönen und teilweise sehr außergewöhnlichen Maschinen bewundern. Meine Leute fahren auch eine Harley und sind daher natürlich sehr interessiert – es ist sicher aber auch für Nicht-Motorradfahrer ein Erlebnis. Ganz Burg steht bei diesen Treffen Kopf.

Die Ausfahrt aller Motorradfahrer aus Burg heraus über die Insel erfolgt in Etappen und wird von der Besitzerin von Wisser's Hotel organisiert. Die komplette Innenstadt von Burg ist dann gesperrt und nur für Harley Davidson-

Fahrer passierbar. Fast jede Maschine ist anders und von den Besitzern liebevoll gestaltet, oft mit Kleinigkeiten zu einem Unikat gemacht. Wer eine Harley Davidson fährt, ist meist schon im etwas gesetzteren Alter – also so ab 40 – und genießt das etwas langsamere Motorrad fahren.

Mein Tipp: Zu den Days of American Bikes durch Burg bummeln und sich die vielen tollen Motorräder anschauen und sich für den Blick auf die Ausfahrt einen schönen Platz suchen.

Mit einer Harley Davidson rast man nicht – man blubbert ruhig durch die Landschaft und genießt die Freiheit des Motorradfahrens – sagen jedenfalls meine Leute.

Der Strand von Meeschendorf

In Meeschendorf (9) gibt es zwei große Parkplätze und einen herrlichen Sandstrand mit Blick nach rechts auf die Fehmarnsundbrücke.

Ich darf hier mit. Meeschendorf ist einer der offiziell ausgewiesenen Hundestrände der Insel.

Hunde sind jedoch gleich am Anfang des Strandes in der Badezone nicht erlaubt. Man muss also mit seinem Hund ca. 350 Meter weiterlaufen. Dort beginnt der Hundestrand.

Das Schönste an diesem Strand ist der feinsandige ausgewiesene Hundestrand mit Hunde-Service-Station direkt am Strand und zu Beginn des Hundestrand-abschnitts.

Meeschendorf ist zu jeder Jahreszeit ganz wunderbar. Im Sommer gibt es hier jede Menge Strandkörbe. In Meeschendorf gibt es auch eine große Minigolfanlage „Adventure Golf Fehmarn". Hunde sind auf der Anlage erlaubt und dürfen mit.

Mein Tipp: Vormittags zum Minigolf, mittags mit Sonnenschirm und Picknickkorb an den Strand von Meeschendorf. Ein schöner Spaziergang ist es auch von Meeschendorf zum Südstrand. Dort ein Eis essen oder etwas Kühles trinken und zurücklaufen.

Der Strand von Staberhuk

Von Meeschendorf kann man nach Staberdorf fahren, bzw. zur Ferienresidenz Staberdorf. Diese endet in einer Sackgasse zwischen Ferienwohnungen. Mit dem Fahrrad ist der Strand gut zu erreichen, mit dem Auto ist das Parken ein Problem. Mit etwas Glück bekommt man einen Parkplatz. Der Strand ist ein sehr schmaler Sandstrand, der mit Steinbuhnen gesichert ist.

Den Leuchtturm Staberhuk (10) kann man nicht direkt mit dem Auto erreichen. Man kann bis zu der Marinestation mit den großen Antennen fahren und dort auf dem Parkplatz parken.

Entweder läuft man dann oben auf den Klippen am Rande des Feldes den wunderschönen Küstenweg entlang oder hinunter zum Strand von Staberdorf.

Der Strand von Staberdorf/Staberhuk ist ein Naturstrand mit Sand und teilweise Steinen. Eine Steintreppe führt hinunter an diesen wunderschönen Strand. Nach etwa einer halben Stunde erreicht man den Leuchtturm. Ich darf hier auch mit. Selbst in der Saison ist es hier nicht voll und man findet Ruhe und Erholung.

Der Strand von Katharinenhof

Kuchen, Kaffee, Tee und leckere Saftschorlen sowie andere Kleinigkeiten gibt es im Alleecafè in Katharinenhof. Leise chillige Loungemusik, leckeren Milchcafè und eine schöne Zeitschrift zum lesen – was will man mehr nach einem langen Strandspaziergang.

Natürlich bin ich hier auch willkommen und liege artig unter dem Tisch. Im Sommer kann man hier auch sehr schön draußen sitzen. Am Wochenende gibt es hier Frühstücksbuffet mit einem Gläschen Sekt. Parken kann man direkt am Café.

Danach kann man wunderbar am Strand von Katharinenhof (11) spazieren gehen. Insbesondere bei starkem Wind ist es hier etwas geschützt.

Oder man kann mit Frauchen vom Strand nach oben klettern und dort vom Radweg den herrlichen Blick über das Meer genießen. Katharinenhof liegt zwischen Staberdorf und Gahlendorf. Von Burg fährt man am besten über Vitzdorf, vorbei am Alleecafé, weiter am Museumsdorf vorbei und biegt dann am letzten Haus von Katharinenhof rechts ab. Die Straße führt direkt zum Meer. Am Ende der Strasse kann man kostenlos parken.

Oberhalb des Strandes von Katharinenhof lädt eine Bank zum Verweilen ein. Wir genießen hier gern den Blick über das Meer. Läuft man zum Strand hinunter und wendet sich nach rechts, muss man gutes Schuhwerk tragen oder flink auf den Pfoten sein - so wie ich. Der Strandabschnitt ist hier sehr steinig und naturbelassen. Nach einer stürmischen Nacht findet man hier den einen oder anderen Seestern.

Linker Hand ist der Strand zunächst weniger steinig. Ein Stück Sandstrand lädt zum Ausruhen und Sonne tanken ein. Läuft man hier weiter, kommt man später zu einer Steintreppe, die auf einen Campingplatz führt. Über den Campingplatz kann man dann zurück gehen und entweder in dem dortigen italienischen Restaurant einkehren oder noch ein wenig weiter laufen und dann im Restaurant »Waldpavillon« einkehren.

Mein Tipp: Am Strand von Katharinenhof spazieren gehen und danach über den Campingplatz zurück - laufen und im Waldpavillon zu einer roten Grütze mit Vanillesoße einkehren. Auf dem Rad-/Fußweg geht es dann zurück zum Auto.

Meine Leute sind hier gern über die Mittagszeit, wenn die Sonne so schön auf die Terrasse scheint. Ich strecke mich dann gern auf den warmen Fliesen der Terrasse aus. Frauchen isst hier gern rote Grütze mit Vanillesoße und genießt dabei die ganz besondere Stimmung. Oben von der Terrasse hat man einen wirklich schönen Blick auf den Strand darunter und kann weit über das Meer hinweg schauen.

Auch in Gahlendorf kommt man direkt zum Meer. Allerdings ist der Weg dorthin ein Feldweg mit vielen Schlaglöchern und somit nur bedingt für Autos zu empfehlen. Hat man jedoch das Ende des Weges erreicht, befindet sich dort ein PKW-Parkplatz direkt am Strand. Oberhalb führt ein wunderschöner Radweg entlang, so dass man mit dem Fahrrad immer am Wasser entlang radeln könnte. Der Radweg endet linker Hand an dem zuvor erwähnten Campingplatz. Auch zu Fuß lässt sich die Aussicht auf das Wasser von dem Radweg wunderbar genießen.

Der Strand von Presen

Nach Presen kommt man, wenn man Richtung Klausdorf fährt. Ein Schild weist zu dem Strand von Presen hin.

Es gibt dort einen kleinen kostenfreien Parkplatz, von dem man entweder zum Strand oder über den Deich laufen kann.

Der Strand von Presen (12) ist zu Beginn etwas steinig, dann jedoch kommt ein Stück Naturstrand mit Steinen. Hier ruhe ich mich immer mit Frauchen etwas aus, bevor wir weiterlaufen. Es führt ein asphaltierter Deich hinter den hohen Gräsern entlang, auf dem es sich auch bei Regenwetter gut laufen lässt - natürlich immer mit Aussicht auf das Meer. Bänke laden zum Verweilen ein.

Mein Tipp: Am Strand von Presen spazieren gehen und danach in eines der vielen Hofcafès auf der Insel einkehren, z.B. in Klausdorf, Albertsdorf oder Bisdorf.

Der Strand von Marienleuchte

Von Klausdorf über Presen kann man in ca. einer Stunde in das kleine Kapitänsörtchen Marienleuchte (12a) laufen und dort auf dem Steg am Strand die müden Beine ins Wasser baumeln lassen. Der Strand endet an der Marineküstenstation.

Auf dem Rückweg sollte man nicht versäumen, im Hofcafé Lafrenz in Klausdorf einzukehren. Hier gibt es viel Regionales von der Insel zu kaufen, z.B. eine Wärmflasche als Schaf gestaltet, Kuchen im Einweckglas und vieles mehr. Das Bauernhofeis, den hausgemachten Kuchen oder das leckere Brot - alles läßt sich hier sehr gut genießen.

Grüner Brink in Puttgarden

In Puttgarden (13) gibt es ein sehr schönes Naturschutz-gebiet. Ich muss hier an der Leine gehen – was mir ja nicht schwer fällt. Frauchen hat mir vor Jahren eine schöne 15 m lange Schleppleine aus Biothane gekauft. Die verknotet sich nicht so oft und lässt sich immer gut abwaschen. Allerdings sind Hunde im Naturschutzgebiet nicht an langer, sondern an kurzer Leine zu führen.

In Puttgarden kann man sich zunächst die großen Fähren anschauen, die ent- und beladen werden und dann wieder Richtung Dänemark oder Schweden auslaufen. Danach kann man auf einem schön geschotterten Weg laufen oder radeln – immer links den Deich und rechts das Meer. Der Strand ist hier am Anfang eher dürftig – also wenig Sand und viele Steine. Zum Spazierengehen ist es jedoch herrlich. Für mich gibt es hier sehr viel zum Schnüffeln. Ich glaube, es gibt hier auch viele Hasen. Bis jetzt habe ich aber noch keinen gesehen – nur gerochen.

Frauchen sagt, man kann auch mit der Fähre einen Tagesausflug nach Dänemark unternehmen, wir haben das aber nicht ausprobiert. Gemäß Auskunft des Fährbüros Scandlines kostet ein Tagesticket pro Person in der Hauptsaison 11,00 €. Für Fahrräder und Hunde entstehen keine gesonderten Kosten. Für den Hund muss ein gültiger Impfausweis mitgeführt werden, da hier die Vorschriften für die Einreise nach Dänemark gelten. Die Fähre fährt alle 30 Minuten Puttgarden/Rødby. Ein

Tagesticket kann am Terminal in Puttgarden gekauft oder telefonisch unter 01802 - 11 66 99 vorbestellt werden.

Am schönsten lässt es sich zwischen Puttgarden und dem Strandabschnitt Niobe wandern.

Wandergebiet und Badestrand „Grüner Brink"

Hierzu fährt man von Lemkenhafen kommend Richtung Gammendorf, biegt jedoch nicht zum Strandabschnitt Niobe-Denkmal ab, sondern fährt noch ein Stück weiter. In dem kleinen Ort Krumsiek biegt man links ab und folgt der Straße. Ein kostenloser Parkplatz ist gleich am Deich.

Hier kommt man jedoch nicht gleich an den Strand, sondern kann einen ganz wunderbaren Spaziergang durch das Naturschutzgebiet „Grüner Brink" machen. Wer am Parkplatz startet, kann links auf dem Deich bis zum Niobe-Denkmal gehen und dann auf einem anderen Weg unterhalb des Deiches zurücklaufen. Im Oktober - März eines jeden Jahres kann man auch am Strand zurücklaufen. Diese Runde läuft man ca. zwei Stunden. Man umrundet mehrere Seen und läuft dann zwischen Meer und den Seen am Strand. Da es ein Naturschutzgebiet ist, ist der Strandzugang in der Zeit von April bis September eines jeden Jahres nicht erlaubt. Die unterschiedlichen Facetten und Aussichten auf Meer und See und vom Deich über die angrenzenden Felder machen diesen Spaziergang zu einem wahren Erlebnis.

Fährt man von dem vorher erwähnten Parkplatz noch ein Stück weiter, kommt man auf einen weiteren großen Parkplatz und von dort direkt an den Strand. Schon von weitem sieht man das Häuschen mit Kiosk und Eisfahne. Von dort erreicht man den flachen langen Sandstrand. Ein Schild am Strand weist rechter Hand auf den Hundestrand hin. Hier kann auch der Hund im flachen Wasser planschen und toben.

Der Strand von Gammendorf/ Niobe-Denkmal

Auf dem Parkplatz vor dem Gammendorfer Strand (14) heißt uns ein großes Schild willkommen. Linker Hand gibt es ein Restaurant, das wohl meist nur im Sommer geöffnet ist – dahinter einen Campingplatz. Im Sommer ist es hier sehr voll und ich bleibe lieber zu Hause. Im Frühjahr, Herbst und Winter ist es am Strand von Gammendorf jedoch wunderbar.

Allein diese Weite, dieser Blick! Den Strand betritt man durch ein kleines Wäldchen über den Deich hinweg und kann die Augen schweifen lassen. Rechter Hand ragt das

Niobe-Denkmal in den Himmel, welches in fünf Minuten Fußweg über den Deich oder am Strand entlang erreicht wir.

Das Niobe-Denkmal

Am 26. Juli 1932 gab es im Fehmarnbelt ein großes Schiffsunglück: In einer Gewitterböe kenterte das Segelschulschiff Niobe und sank in wenigen Minuten. Dabei starben 69 Menschen, 40 konnten gerettet werden. Der Kommandant der Niobe, Kapitänleutnant Heinrich Ruhfus, überlebte das Unglück. Er wurde später wegen Fahrlässigkeit angeklagt, aber vom Kriegsgericht frei-gesprochen.

An dieses Unglück erinnert das Niobe-Denkmal am Gammendorfer Strand. Die Inschrift auf der Tafel lautet:

„Am 26. Juli 1932 verunglückte 8000 m von hier das Segelschulschiff Niobe. 69 Offiziere und Mannschaften erlitten den Tod für das Vaterland. In treuem Gedenken wurde der Grundstein am 26.7.1933, das Denkmal am 15.10.1933 feierlich enthüllt. Es ist nicht nötig, daß ich lebe, wohl aber, daß ich meine Pflicht tue."

Kurz nach dem Niobe-Denkmal weist ein Schild darauf hin, dass nun das Naturschutzgebiet „Grüner Brink" beginnt.

Am Gammendorfer Strand und natürlich auch in dem Naturschutzgebiet „Grüner Brink" sind alle Hunde an kurzer Leine zu führen.

Der Strand von Gammendorf hat wenig Steine und man kann hier ganz wunderbare lange Strandspaziergänge unternehmen.

Mein Tipp: Im Sommer ist hier durch den nahen Campingplatz einiges los. Den Strand von Gammendorf lieber im Frühling, Herbst oder Winter mit dem Hund besuchen.

Der Strand von Altenteil

Der Strand von Altenteil (15) besticht durch seine natürliche Schönheit. Feiner Sandstrand wechselt sich hier mit grüner Wiese, einigen Dünen und Steinen ab.

Ein herrlicher Blick lässt uns hier in den warmen Sand zurücksinken und wir erholen uns bei dem Rauschen der Wellen, die langsam an den Strand rollen. Ich gehe hier immer sehr gern mit. Man kann herrlich laufen und den weiten Blick über den Strand und das Meer genießen. Der Parkplatz ist kostenfrei und nur wenige Schritte vom

Strand entfernt, der gleich hinter dem Deich und der großen grünen Wiese beginnt.

Immer einen Strandspaziergang wert: Der Strand von Altenteil (oben) und der Strand von Westermarkelsdorf (unten)

Der Strand von Westermarkelsdorf

Meine Leute finden den Strand in Westermarkelsdorf (16) für uns Hunde am schönsten. Es ist ein Naturstrand mit Dünen, Steinen und Sand und man kann hier herrlich laufen. Ich bekomme dann immer eine lange Schleppleine, weil es hier auch viele Hasen gibt. Na ja, zumindest im Herbst und Winter, wenn hier wenig los ist und nicht ganz so viele Leute spazieren gehen.

Das auf dem Foto ist mein Kumpel und Mitbewohner Carlos. Die Rasse hat den stolzen Namen Magyar-Vizsla - er ist ein ungarischer Vorstehhund. Frauchen reitet gern mit Carlos aus, weil er so ein Langstreckenläufer ist.

Ich dagegen schnarche derweil lieber im Körbchen und gehe beim Ausreiten lieber auf eine Hasenspur. Frauchen ist das zu kompliziert, denn ich höre ja immer nicht, wenn ich eine Spur in der Nase habe. Daher darf ich nicht mehr mit zum Ausreiten, aber dafür an den Strand.

Mein Tipp: Am Strand von Westermarkelsdorf kostenfrei parken, am Strand entlang laufen, am See rechts abbiegen und auf dem Deich wieder zurück zum Parkplatz.

In Westermarkelsdorf kann man mit dem PKW direkt auf den Parkplatz hinter dem Deich fahren. Wer mit einem Wohnmobil oder Auto mit hohem Dachaufbau reist, muss vor dem Deich parken. Vor dem Parkplatz am Strand ist eine Stange, die verhindern soll, dass hier Wohnmobile durchfahren und am Strand campen.

Wendet man sich auf dem Deich nach rechts, läuft man zwischen den vielen Schafen hindurch mit Blick auf das Meer immer Richtung Leuchtturm. Zurück geht es dann direkt am Meer entlang wieder zum Auto.

Mein Tipp: Abends kurz vor dem Sonnenuntergang ein Picknick am Strand veranstalten und den Sonnenuntergang genießen. Tipps und Rezepte für das Picknick am Strand gibt es unter: http://www.fehmarn-mit-hund.blogspot.de"

Zwischendurch kann man sich in den Dünen ausruhen und dem Rauschen der Wellen lauschen, die an den Strand rollen. Man kann schöne Steine suchen oder einen Steinwall am Strand bauen, wovon es jedoch schon einige gibt. Also kann man die auch nutzen und sich hineinlegen. Am schönsten ist es natürlich, in den Dünen zu sitzen und mit seinem Beagle zu schmusen.

Wer nicht unbedingt bis Westermarkelsdorf fahren möchte, kann vorher links auf einen asphaltierten Feldweg abbiegen. Hier kommt man zu der Straße hinter dem Deich, die man entlanglaufen oder -radeln kann.

Irgendwann kommt dann links ein Tor, das sich öffnen lässt. Wenn man dann auf dem Deich entlang geht, kommt man zu einem weiteren Tor, das direkt zum Strand führt. Dort steht eine Bank, auf der man den herrlichen Ausblick über das Meer und die Weite der Insel genießen kann.

Das Leben ist schön!

Auch direkt am Strand von Westermarkelsdorf stehen mehrere Bänke, die zum Ausruhen und Verweilen einladen. Strandkörbe findet man hier im Sommer nicht. Dafür kann man sich herrlich in die Dünen legen oder mit seinem Hund, oder auch mit mehreren Hunden, am Strand entlanglaufen. Es ist eben ein richtiger Naturstrand mit Sand, Steinen und Dünen für echte Hundeleute.

Der Strand von Bojendorf

In Schlagsdorf kann man auch Richtung Bojendorf (17) abbiegen. Auch hier kann man seinen Hund mitnehmen und herrlich spazieren gehen – jedenfalls im Frühjahr, Herbst und Winter. Im Sommer gibt es hier Strandkörbe, die man natürlich auch mit Hund mieten kann. Ich darf an diesen schönen Naturstrand mit.

Mein Tipp: Vom Strand von Bojendorf am Meer entlang zum Strand von Westermarkelsdorf und auf oder hinter dem Deich zurücklaufen. Am Ende mit einem Eis am Kiosk vom Bojendorfer Strand belohnen.

Meine Leute finden es immer anstrengend, mit uns allen an den Strand zu gehen, wenn dort Strandkörbe, Kinder und andere Hunde sind. Deswegen bleiben wir im Sommer meistens zu Hause im Garten, oder nur ich darf mit an den Strand.

Schließlich bin ich ein Meutehund, der sich eigentlich immer gut mit anderen Hunden versteht. Andere Beagles werden natürlich bevorzugt begrüßt – aber ich glaube, das ist bei jeder Rasse so. Jedenfalls ist in der Hauptsaison hier einiges los. Es gibt einen großen Parkplatz und einen Kiosk mit kleinem Bistro und WC, bevor man an den Strand gelangt. Bitte auch hier an die Ostseecard denken.

Flügger Leuchtturm

Der Flügger Leuchtturm (18) ist das Highlight mit dem Rad. Von zu Hause in Neujellingsdorf radeln wir nach Lemkenhafen. Hier kann man, wenn man schon Hunger hat, entweder in der Aalkate einkehren oder in einem anderen Restaurant im Ort. Meine Leute mögen die großen Portionen im Restaurant „Seeblick" direkt am Hafen mit Blick auf den kleinen Hafen und die Boote.

Abends radeln wir im Sommer oft zur Aalkate. Dies ist eine Räucherei mit Restaurant für Fischspezialitäten. Im Garten der Räucherei stehen die Tische und Bänke in den Sommermonaten bis zum Meer hinunter und es wird frischer Fisch gegrillt. Wer früh genug kommt, ergattert einen Platz direkt am Wasser und kann frisch gegrillten Fisch mit leckerem Salat oder Folienkartoffeln speisen. Natürlich sind hier auch Fischbrötchen erhältlich.

Nun aber zurück zu unserer Radtour. Wir radeln durch Lemkenhafen (19) hindurch, bis kurz nach dem Hafen ein Tor zum Deich kommt.

Hier radeln wir zwischen Schafen hindurch über den Deich, immer mit Blick zur linken Hand über das in der Sonne glitzernde Wasser und rechter Hand über die weiten, wogenden Kornfelder.

Im Sommer ist die Farbenpracht überwältigend. Blaues Meer, grüner Deich, gelbe Kornfelder – das Auge macht Urlaub! Die Schafe auf dem Deich sind radelnde Urlauber mit und ohne Hund gewohnt. Manchmal, wenn man Glück hat, lassen sie sich auch anfassen. Meistens jedoch flitzen sie über den Deich davon.

Durch zwei Tore hindurch – und schon ist man im bezaubernden Orth. Hier gibt es im Hafen diverse Restaurants und Cafés und ein Beagle darf natürlich überall mit. Von jedem der Cafés und Restaurants hat man einen schönen Blick auf die ein- und auslaufenden Segelboote. Im Restaurant »Piratennest« sitzt man auf der Holzterrasse direkt über dem Wasser und kann leckeren Labskaus, Salat oder andere Gerichte genießen. Oft gibt es hier abends ein kleines Livekonzert, zu dem meine Leute dann gern radeln. Klar, auch mit mir, schließlich bin ich auch ein großer Musikfreund.

Frisch gestärkt geht es dann weiter über den Deich Richtung Flügger Leuchtturm. Von Orth sind es noch einmal ca. 2,5 km bis zum Leuchtturm.

Schon von Weitem kann man den Leuchtturm erkennen. Das lässt uns fröhlich weiter radeln. Natürlich wollen wir den Leuchtturm nach der Ankunft besichtigen. Erwachsene zahlen 2 €, Kinder bis 14 Jahren zahlen 1 € (Stand: 2014). Ein Aufstieg auf den Turm lohnt sich auf jeden Fall.

Von oben bietet sich ein wunderschöner Rundblick über die Insel, auf den Fehmarnbelt und die Brücke, hinweg über riesige Felder. Bis Ende Oktober gibt es unten am Leuchtturm Getränke, Kuchen und Eis. Nach dem Besuch auf dem Leuchtturm lässt es sich wunderbar an dem nahe gelegenen Natursandstrand ausruhen.

Öffnungszeiten Flügger Leuchtturm

01.04. bis 31.10.
Dienstag bis Freitag
10 bis 17 Uhr
Montags Ruhetag

Ich warte dann lieber unten. Mir sind 156 Stufen zu viel und es ist warm. Also ruhe ich mich lieber aus und gehe danach an den Strand, um in den Dünen zu schlafen. Der

Rückweg wird anstrengend, ist aber noch einmal genau so schön wie der Hinweg.

Mit dem Auto kann man bis 2 km vor dem Leuchtturm fahren und dann in Flügge auf einem Parkplatz (kostenpflichtig) parken. Über einen asphaltierten Feldweg erreicht man den Leuchtturm.

Der schönere Weg ist jedoch über den Deich ab Orth. Auch in Orth kann man im Hafen parken und dann über den Deich laufen oder radeln.

Hunde sind auf dem Deich natürlich an der Leine zu führen, vor allem, wenn sich dort Schafe aufhalten – was im Sommer immer der Fall ist.

Mein Tipp: Mit dem Rad von Lemkenhafen über den Deich nach Orth radeln, im Hafen etwas essen oder trinken und weiter zum Flügger Leuchtturm radeln. Nach der Besichtigung (ich muss unten warten) am Strand vor dem Leuchtturm die Sonne genießen.

Wer möchte, kann nach der herrlichen Aussicht vom Flügger Leuchtturm die Asphaltstraße weiter entlang radeln. Diese macht dann einen Bogen nach links und man kommt dann zu einem Campingplatz. In der Einfahrt zu dem Campingplatz weist ein Schild nach rechts auf den Jimmy-Hendrix-Gedenkstein hin.

Es geht weiter auf dem Fuß- und Radweg - immer an der Seite des Campingplatzes vorbei - bis zu einer großen Wiese. Schon von weitem kann man den Gedenkstein sehen. Jimy Hendrix hat hier im Jahr 1970 nur 12 Tage vor seinem Tod sein letztes Konzert gegeben. Der Gedenkstein mit der Aufschrift „Jimi Hendrix – Fehmarn – Love and Peace Festival – 4.–6. Sept. 1970" erinnert an dieses letzte Konzert. Wenn man auf der großen Wiese steht, kann man sich gut die ca. 25.000 Besucher dieses letzten Konzertes vorstellen.

Links von dem Gedenkstein führt ein Weg über die Wiese direkt zum Strand. Zurück radeln wir dann ein Stück Straße und wieder über den Deich. Wir genießen so gern die Aussicht beim Radeln über das Meer.

Gern kehren wir auf dem Rückweg im Café am Hafen in Orth ein. Hier gibt es leckeren selbstgebackenen Kuchen, große Eisbecher und morgens gut sortiertes Frühstück. Man sitzt gemütlich im Strandkorb mit Blick auf die vielen Segelboote, die im Hafen angelegt haben. Nach der kleinen Pause schauen wir noch kurz im Surfshop nebenan vorbei und zuckeln dann mit dem Fahrrad über das Kopfsteinpflaster Richtung Deich und nach Lemkenhafen.

Lemkenhafen

Wer noch nicht genug besichtigt hat, kann dann noch die schöne Mühle von Lemkenhafen (19) von innen besichtigen.

Ein Besuch des Mühlenmuseums lohnt sich. Die Segel-Windmühle Jachen Flünk wurde 1787 errichtet. Es ist die älteste, komplett erhaltene - noch mit Windsegeln funktionstüchtige - Windmühle Schleswig-Holsteins und steht natürlich unter Denkmalschutz. Auf 6 Ebenen kann man sich hier über die Geschichte der Mühle informieren, viele alte Gegenstände von früher, wie z. B. Mausefallen, Pferdegeschirr, etc. bestaunen. Von der umlaufenden

Galerie hat man schon einen wunderbaren Blick über Lemkenhafen.

Steigt man dann noch einige Ebenen höher, kann man oben die kleinen Luken öffnen (nicht bei Regen oder Sturm) und den wunderbaren Ausblick genießen. Über jeder Luke steht auf einem Schild beschrieben, zu welchen Orten man auf der Insel gerade schaut. Ich muss leider vor der Mühle warten.

Mein Tipp: Unbedingt das Mühlenmuseum in Lemkenhafen besichtigen und bis ganz nach oben klettern. Aus den Luken der Mühle in der obersten Etage hat man einen herrlichen Blick in alle Himmelsrichtungen.

Meine Lieblingsrouten

Eine unserer liebsten Fahrradrouten führt uns von Neujellingsdorf rechts hinter der Gärtnerei Töpfer auf dem Radweg nach Landkirchen. Vorbei an der Bäckerei und dem sehr guten und netten Schlachter düsen wir um die Ecke Richtung Petersdorf. Nach kurzer Zeit biegen wir links ab und kehren gern im Flora Café ein. Hier gibt es auch laktosefreien Kaffee und glutenfreien Kuchen – also prima geeignet für Allergiker. Der Kuchen ist lecker, die Besitzerin und Bedienung sind sehr nett, und im Café gibt es jede Menge außergewöhnliche Uhren und einige andere schöne Dinge zum Kaufen. Auch das Schokoladeneis und das Sorbet sind hier sehr empfehlenswert.

Nach der Stärkung geht es weiter durch Altjellingsdorf hindurch – vorbei an dem kleinsten Flughafen Deutschlands. Die Flugsicherheit erfolgt aus einem Wohnwagen – und bei schönem Wetter aus dem Strandkorb heraus.

Der Ausblick über die Insel von einem Flugzeug aus ist unbeschreiblich schön. Nach anfänglicher Angst vor den doch sehr kleinen Flugzeugen kann man die Weite und Schönheit der Insel genießen. Es ist etwas ganz Besonderes, die vielen Windräder, die kleinen Dörfer, die Hochhäuser am Südstrand und die Inselhauptstadt Burg einmal von oben zu sehen. Vorsicht – ein Flug über unsere schöne Sonneninsel kann süchtig machen.

Mein Tipp: Bei schönem Wetter einen Flug buchen und die herrliche Aussicht von oben auf die Insel genießen. Es ist ein unvergessliches Erlebnis und eine wunderschöne Urlaubserinnerung.

Nachdem wir an dem Flugplatz vorbei geradelt sind, treffen wir nach fünf Minuten wieder zu Hause in Neujellingsdorf ein.

Eine weitere schöne Runde führt uns von Neujellingsdorf Richtung Altjellingsdorf. Gegenüber der Gärtnerei führt ein schöner Radweg Richtung Lemkenhafen - immer mit

Blick auf Lemkenhafen und die von weitem sichtbare Windmühle vom Mühlenmuseum. Um nach Lemkenhafen zu gelangen richtet man sich nach links. Der Radweg endet direkt an der Windmühle. Hier radeln wir dann durch Lemkenhafen zum Wasser, kehren im Restaurant „Seeblick" (große Portionen zum fairen Preis) direkt am Hafen oder in der „Aalkate" zu einer kleinen Stärkung ein und radeln weiter über die Landstraße zurück nach Neujellingsdorf.

Im Sommer radeln wir auch sehr gern nach Landkirchen. Dort gibt es das Restaurant »Dat ole Aalhus« mit leckeren Fischgerichten. Ich habe mich hier bisher immer gut benommen und darf deshalb auch mit.

Mein Tipp:
Sonntags zwischen 14 und 17 Uhr unbedingt zur Teatime mit Scones, Sandwiches und anderen Leckereien in das Landhausrestaurant Margaretenhof in Neujellingsdorf einkehren. Im Sommer sitzt man hier sehr ruhig zwischen blühenden Rosen – und fühlt sich ein wenig wie in Cornwall/Südengland. Vorbestellung ist ratsam.

Mal `runter von der Insel

Eines unserer Lieblingscafès am Strand ist das Sunset in Heiligenhafen. In dem Cafè bin ich willkommen und genieße hier gern die fantastische Aussicht.

Meine Leute gehen auch gern in Heiligenhafen bummeln. Es gibt hier ebenfalls einen schönen Hafen und Geschäfte. Das Sunset erreicht man, in dem man in Heiligenhafen hinter dem Hafen rechts abbiegt. Man folgt der Straße Richtung Steinwarder, fährt aber weiter gerade aus. Am Ende dieser Straße gibt es einen kosten-pflichtigen Parkplatz.

Von dort läuft man über eine Wiese. Achtung: Hier gibt es auch viele Hasen. Am Strand wendet man sich an dem blauen Haus der DLRG nach links und folgt dem Fußweg hinter den Dünen. Von hier kann man immer wieder Blicke auf das Meer werfen und links über einen schönen See.

Sehr schön lässt es sich auch nach Graswarder spazieren. Dafür fährt man am Hafen rechts herum und dann Richtung Parkplatz Steinwarder. Heiligenhafen hat einen schönen Sandstrand und eine große Seebrücke, auf der man weit über das Meer laufen kann.

Fehmarn für zu Hause

Auf Fehmarn gibt es natürlich jede Menge maritimer Andenken für zu Hause zu kaufen. Viele schöne Dinge gibt es z. B. beim Kaufhaus Stolz, bei Bugs (gegenüber dem Café Liebevoll), in den vielen kleinen Läden in Burg oder in dem Geschäft im Hafen Burgstaaken neben dem Café „El Sol".

Wer im Hafen ein Andenken kauft, kann auch gleich frischen Fisch vom Kutter mitnehmen und diesen in der Ferienwohnung zubereiten. Nachstehend einige Fisch-rezepte zum Nachkochen in den Ferien oder für zu Hause:

Rezept für Häckerle mit Matjes und Roter Beete

1 Packung Heringsfilets (4 Stück)
1 Packung Rote Beete (vorgekocht, 4 Stück)
1 Zwiebel
2-3 Gewürzgurken
1-2 hartgekochte Eier

Salz
Pfeffer
Zucker
4-5 EL Essig
2-3 EL Sonnenblumenöl
evtl. etwas Dill

Alle Zutaten sehr klein würfeln und mit einer Marinade aus Essig und Öl vermischen. Mit Salz, Pfeffer und einer Prise Zucker abschmecken. Evtl. mit etwas gehacktem Dill bestreuen. Schmeckt gut auf Bauernbrot oder zu Pellkartoffeln.

Rezept für Seelachs mit Rosmarinkartoffeln

Für 2 Personen:
300 g Kartoffeln
4 Zweige Rosmarin
Meersalz, geschroteter Pfeffer
3 Eßlöffel Olivenöl
4 Eßlöffel Wasser

Kartoffeln waschen, in Spalten schneiden und in eine Auflaufform legen. Die Rosmarinnadeln von den Zweigen lösen und zusammen mit Olivenöl, Wasser, Salz und Pfeffer zu einer Soße vermischen. Mit der Soße die Kartoffeln beträufeln und bei 180 Grad im Ofen 1 Stunde goldbraun backen.

Während die Kartoffeln backen:
Frisches Seelachsfilet

Saft und abgeriebene Schale einer Biozitrone
Thymian (am besten frisch)
Meersalz, geschroteter Pfeffer

Fischfilet abspülen und trockentupfen. Das Fischfilet mit etwas Zitronensaft beträufeln und mit der geriebenen Schale einreiben. Anschließend mit Salz und Pfeffer würzen und mit ein bis zwei Zweigen Thymian belegt in Alufolie verpacken. Die Päckchen auf dem Grill ungefähr 30 Minuten garen (ersatzweise im Ofen bei 180 Grad).

Dorschfilet mit grünen Bohnen

Für 2 Personen:
2 - 3 Dorschfilets
400 g Grüne Bohnen (frisch oder tiefgefroren)
1 Packung Sauce Hollandaise
Meersalz, geschroteter Pfeffer
300 g Kartoffeln oder 1 Tasse Reis

Fischfilet abwaschen und trockentupfen. Das Fischfilet etwas salzen und pfeffern und in eine Auflaufform legen. Grüne Bohnen abspülen, putzen und über das Fischfilet geben. (Tiefgefrorene Bohnen im warmen Wasser ca. 10 Minuten auftauen lassen.). Sauce Hollandaise, z.B. von Thommy über die Bohnen geben. Den Auflauf bei 180 Grad ca. 25 Minuten im Ofen überbacken. Dazu passt Reis oder Salzkartoffeln.

Guten Appetit!

Frühstücken mit Hund

Natürlich kann man auf der Sonneninsel mit Hund auch sehr lecker frühstücken gehen. Im Sommer gehe ich mit Frauchen gern in den Orther Hafen zum Frühstück. Wenn die Sonne scheint, hält mich nichts mehr im Körbchen und ich stupse meine Leute dann mit der Nase an, wenn es Zeit zum Aufstehen ist. Oft geht es dann in das Caféam Hafen in Orth. Hier gibt es in der Saison täglich Frühstück ab 7.00 Uhr. Bei schönem Wetter kann man herrlich draußen sitzen und auf die Segelboote im Hafen schauen. Am Wochenende und Feiertags gibt es ab 10.00 Uhr im Café Villa im Orther Hafen Frühstück.

Frühstücksbuffet kann man herrlich auf der Terrasse des gemütlichen Landgut-Hotels Lindenhof genießen. Im Sommer werden die großen Fenster zur Terrasse geöffnet, so dass man auch im Restaurant gut sitzen kann und ein kühler Luftzug herein weht. Sonntags wird das Frühstück manchmal von einer jungen Dame mit dem Klavier begleitet (Stand: Juli 2015). Ich persönlich entspanne mich bei Klavierbegleitung immer ganz hervorragend unter dem Tisch und benehme ich dann auch gut.

Klar, dass ich auch im Achtern Diek in Gold (ab 8 Uhr), im Stadtcafé (ab 9 Uhr), im Café Jedermann (ab 10 Uhr) oder im Café Liebevoll (ab 9 Uhr) in Burg zum Frühstücken mit darf.

Empfehlenswert sind auch die begehrten Außenplätze am Wochenende im Hofcafé Albertsdorf (ab 7 Uhr).

Geocachen auf Fehmarn

Geocachen auf Fehmarn ist sehr interessant. Mein liebster Cache liegt in Bojendorf am Strand und verleitet zu einem wunderschönen Strandspaziergang. Klar, dass ich mit meiner Spürnase kräftig dabei helfe, die Caches zu finden.

Geocaching ist eine moderne Schnitzeljagd bzw. eine Art elektronische Schatzsuche. „Geo" kommt von Erde und „Cache" bedeutet im englischen: Geheimes Lager. Also werden geheime Schätze überall auf der Welt versteckt. Die Verstecke (kurz „Caches" genannt) werden mittels geografischer Koordinaten im Internet veröffentlich und können dann mit Hilfe eines Gerätes (einem GPS-Empfänger) gesucht werden. Die Suche ist natürlich auch mit einem Kompass und einer genauen Landkarte ohne den GPS-Empfänger möglich.

Ein Cache ist in der Regel ein wasserdichter Behälter, in dem sich verschiedene kleine Gegenstände befinden. Diese Gegenstände können mit gleichwertigen Gegenständen getauscht werden. Jeder Cache enthält ein Logbuch, in dem sich der jeweilige Finder des Caches einträgt, um seine erfolgreiche Suche zu dokumentieren. Danach wird der Cache wieder an die selbe Fundstelle zurückgelegt und wieder versteckt, damit der nächste Finder diesen suchen kann. Der Fund wird dann von dem jeweiligen Besucher auf der dazugehörigen Seite vermerkt und mit einigen Kommentaren wie z. B.

„Wunderschön gelegener Cache" oder „Der Cache war schwierig/leicht zu finden", etc. Derjenige, der den Cache versteckt hat (Owner) kann hierdurch die Geschehnisse rund um den Cache verfolgen und auch dadurch überprüfen, ob der Cache noch vorhanden ist und an der selben Stelle liegt und nicht womöglich gestohlen wurde. Uneingeweihte bzw. „Nicht-Cacher" werden „Muggels" genannt. Liebe Cacher, viel Spaß beim Suchen!

Beschäftigung für den Hund

Mir persönlich ist ja manchmal wirklich langweilig. Deswegen stelle ich auch oft einigen Unsinn an. Frauchen denkt sich daher immer lustige Sachen aus, damit ich beschäftigt bin. Nachstehend einige Beschäftigungsideen. Ich hoffe, Ihr Vierbeiner habt daran genauso viel Spaß wie ich!

Am Strand

Am Strand versteckt Frauchen immer die Leckerlis und ich suche diese fleißig, während Frauchen den Blick über das Meer genießt.

Hierbei sitzt Frauchen auf einem der großen Steine am Strand von Katharinenhof und verteilt einige Leckerlis im Kies, der um die Steine herum liegt. Die Leckerlis sind klein und ich muss meine Nase sehr gut einsetzen, um sie zu finden.

Natürlich werden auch Leckerlis auf den großen Steinen verteilt. Frauchen passt auf, dass ich nicht ausrutsche und zwischen die Steine falle. Ich bin natürlich ein guter Kletterer und habe keine Scheu. Schließlich geht es darum, Futter zu finden. Darin bin ich unschlagbar gut.

Auch Baumstämme am Strand oder dicke Baumwurzeln eigenen sich hervorragend für eine Leckerlisuche. Hierbei legt Frauchen die Leckerlis auf die Baumstämme und ich muss dann entweder darüber springen oder auf dem Stamm entlang balancieren.

In der Ferienwohnung muss ich morgens meinen Napf suchen und zu Frauchen bringen, damit er gefüllt wird. Danach bringe ich dann meistens die Zeitung….

Ich halte dann ein Schläfchen. Bevor ich wieder neuen Unsinn anstelle, bekomme ich ein mit Leckerlis gefülltes Handtuch. Manchmal sind mehrere Leckerlis in dem Handtuch, manchmal nur ein Leckerli.

Das Handtuch wird von Frauchen immer anders gewickelt, sonst finde ich wohl die Leckerli zu schnell.

Im Garten von der Ferienwohnung gibt es auch immer etwas, über das ich springen kann. Für Futter hüpfe ich fast überall hinüber.

So, Leute, ich hoffe, dieser kleine (kulinarische) Hundeführer und meine Beschäftigungsideen haben Euch gefallen. Ich würde mich sehr freuen, von Euch mal eine Rückmeldung zu erhalten. Ich hoffe, Fehmarn gefällt Euch genauso gut wie mir und Ihr habt hier auch so viel Spaß wie ich. Hoffentlich kommt Ihr bald wieder. Ich würde mich freuen!

Alles Gute, wunderschöne Ferien und immer eine steife Brise unter den Ohren!

Euer Beagle Barney

Hier noch ein kleiner Tipp von mir, wenn Ihr vom Wind gerötete Augen habt: Mein Frauchen hat mir in der Apotheke Euphrasia Augentropfen gekauft. Dies ist ein homöopathisches Mittel und hat meinem tränenden Auge innerhalb kurzer Zeit gut geholfen. Bitte beachtet, dass dies natürlich nicht den Tierarzt ersetzt.

Ich habe Euch daher auf den nächsten Seiten die Tierärzte der Insel aufgelistet und auch eine Notrufnummer, damit Ihr immer schnelle Hilfe zur Hand habt, wenn Ihr sie braucht.

PS. Es gibt auch noch mehr Bilder von mir und der Sonneninsel Fehmarn.

Einfach mal reinschauen unter:

http://www.Fehmarn-mit-Hund.com

Auf Wiedersehen auf Fehmarn!

Interview mit einer Fehmaranerin

Janette Jankauskas lebt mit Ihrer Familie und ihren vier Hunden auf der Sonneninsel Fehmarn. Sie ist auf Fehmarn geboren und engagiert sich viel im Tierschutz – insbesondere für spanische Hunde. Außerdem führt sie mit Ihrer Familie erfolgreich das urgemütliche Restraurant „Netti`s" in der Süderstraße 34 in Burg. Ich habe Netti – wie sie liebevoll von Ihren Freunden genannt wird – interviewt:

Welche Jahreszeit findest Du auf der Sonneninsel Fehmarn am schönsten?
Antwort: Die Zeit der Rapsblüte im Mai ist für mich die schönste Jahreszeit. Da duftet die Insel und das Farbenspiel mit blauem Himmel, gelber Raps und dazu das Meer – einfach wunderschön.

Das Führen eines Restaurants nimmt viel Deiner Zeit in Anspruch. Was unternimmst Du am liebsten in Deiner wenigen Freizeit?
Antwort: Am liebsten mache ich in meiner Freizeit lange Strandspaziergänge mit meinen Hunden an den herrlichen Naturstränden der Insel.

Frage: Was sollte ein Fehmarn-Neuling auf jeden Fall gemacht oder gesehen haben?
Antwort: Jedem, der die Insel noch nicht kennt, empfehle ich, eine kleine Inselrundfahrt mit dem Fahrrad. Hierbei kann man einige Sehenswürdigkeiten, wie z.B. die Leuchttürme der

Insel, den Orther Hafen, den Fischereihafen Burgstaaken und natürlich die wunderbaren Naturstrände bewundern und genießen.

Wie würdest Du mit einem Satz die Insel Fehmarn beschreiben?

Antwort: A little sunny Island in the baltic Sea

Welche Veranstaltung(en) sollte man auf der Insel nicht verpassen?

Antwort: Fehmarn ist die Insel der Kiter und Surfer. Die Kite- und Surfveranstaltungen und auch natürlich die SUP-Meisterschaften sind sehr interessant und sehenswert. Auch das Hafenfest, das Altstadtfest und vor allem das Rapsblütenfest sind für Einheimische und Gäste immer wieder sehr schön. Das alljährliche Treffen der „American Bikes" ist immer wieder ein Erlebnis.

Welches ist für Dich die schönste Ecke der Insel?

Antwort: Für mich ist der Strand von Staberhuk die schönste Ecke der Insel. Dieser wunderschöne Naturstrand sieht jeden Tag anders aus. Man kann hier die Naturgewalten des Meeres spüren und immer wieder hat man andere Bilder von diesem Strand, die man verinnerlichen und mit nach Hause nehmen kann.

Was sollte ein Besucher von Fehmarn für zu Hause mitnehmen?

Antwort: Auf der Sonneninsel Fehmarn gibt es viele verschiedene Steine. Ein Besucher sollte einen schönen Stein mitnehmen, der ihn dann zu Hause auf der Fensterbank an einen wunderschönen Urlaub auf der Sonneninsel Fehmarn erinnert.

Was ist Dein Lebensmotto?

Antwort: Da es der Gesundheit förderlich ist, habe ich beschlossen, glücklich zu sein („Voltaire").

Was wünschst Du Dir für die Zukunft für Fehmarn?

Antwort: Für die Insel Fehmarn wünsche ich mir, dass sie naturbelassen bleibt und der Charme der Insel mit den vielen Naturstränden, den kleinen Bauernhöfen und vielen Hofcafès, gemütlichen Restaurants erhalten bleibt. Ich würde es begrüßen, wenn die Surfer und Kiter neben den Bootgebieten hier weiterhin ihren wunderbaren Sport ausüben können und die Reitwege auf Fehmarn ausgebaut werden, um ein gefahrloses Reiten zu ermöglichen.

Hundefreundliche und von der Autorin getestete Restaurants und Cafés:

Aalkate Lemkenhafen
Königstrasse 20-22
23769 Lemkenhafen/Fehmarn
Tel: 0 43 72/532

Achtern Diek«, Bistro
Gold 4, 23769 Fehmarn
Tel. 04371/41 49

Hofcafè Albertsdorf
Albertsdorf 13, 23769 Fehmarn
Tel. 04371 502524

Allee-Café Katharinenhof
Katharinenhof 3
23769 Fehmarn
Tel. 0 4371/ 50 38 38

Café am Hafen
Am Hafen 2
23769 Orth auf Fehmarn
Tel. 04372 / 80 65 37

Dat ole Aalhus
Hauptstr. 39a, 23769 Landkirchen/Fehmarn
Tel. 04371/9199

Flora Café
Altjellingsdorf Nr. 1
23769 Altjellingsdorf/Fehmarn
Tel. 04371/8792 14

Café Jedermann
Ohrtstraße 25
23769 Burg auf Fehmarn
Tel. 04371/1411

Café Liebevoll
Bahnfofstr. 17
23769 Fehmarn
Tel. 04371 / 8895898

Restaurant »Netti`s«
Süderstraße 34, 23769 Burg auf Fehmarn
Tel. 04371/879242

Piratennest, Restaurant
Am Hafen 1, 23769 Fehmarn
Tel. 04372/806590

Restaurant „Seeblick" (Campingplatz Wulfener Hals)
23769 Fehmarn
Tel. 04371/ 869804 oder 862815

Café Sorgenfrei
Südstrandpromenade 1
23769 Burgtiefe/Fehmarn
Tel. 01577/401 6365

Die Strände der Insel Fehmarn

Die Insel Fehmarn hat 2 ausgewiesene Hundestrände und 12 Naturstrände, an denen man mit seinem Hund herrliche Spaziergänge unternehmen kann.

Ausgewiesene **Hundestrände** auf der Insel Fehmarn:

Meeschendorf: Feiner Sandstrand
300 m rechts hinter dem Kinderspielplatz beginnt der Hundestrand.WC gibt es am Parkplatz vor dem Strand.

Südstrand: Feiner Sandstrand, Restaurantes, Cafés.
Man muss über die Wiese am Ende des kostenpflichtigen Parkplatzes laufen und dann noch ein Stück weiter auf der Promenade. Der Beginn des Hundestrandes ist durch ein Schild gekennzeichnet. Von hier kann man auch bis Meeschendorf laufen. Auf der Promenade ist Leinen-pflicht.

Bojendorf: Der Hundestrand beginnt nördlich des Campingplatzes. Naturstrand mit Sand und Steinen, Dünen. Zugang zum Deich. Kostenloses Parken. Kiosk und WC hinter dem Deich.

Grüner Brink: Der Hundestrand beginnt östlich der Strandkorbvermietung. Sehr schöner feinsandiger breiter Naturstrand. Parkplatz/Kiosk.

Naturstrände

Natürlich gibt es viele Naturstrände, an denen man mit seinem Hund spazieren gehen oder Strand und Meer genießen kann. Die einzelnen Naturstrände sind nachstehend wie folgt aufgeführt:

Gold: Schmaler Naturstrand mit Steinen und Sand, Deich und Küstenweg, Parken kostenpflichtig. Café vor dem Deich.

Strukkamp: Naturstrand mit einigen Steinen und Sand. Die Steine sind auch im Wasser. Kostenloses Parken. Asphaltierter Weg vom Parkplatz auf die Fehmarn-Sund-Brücke.

Fehmarnsund: Feiner Sandstrand mit wenig Steinen. Kostenloses Parken. Wunderschöner Blick auf die Brücke.

Wulfen: Schmaler Naturstrand mit Sand und wenig Steinen. Treppe nach unten zum Strand. Kostenloses Parken und etwas Fußweg zum Strand.

Staberdorf: Breiter Naturstrand mit Steinen (auch im Wasser) und Sand. Schöner Klippenweg vom Parkplatz aus.

Katharinenhof: Rechter Hand viele Steine, auch im Wasser. Linker Hand Sandstrand und auch Steine. Windgeschützt. Schöner Fuß-/Radweg oberhalb des Strandes

Presen: Schmaler Naturstrand mit Steinen und Sand, Dünen, die teilweise an einem sehr steinigen Strand entlanggehen. Auf dem asphaltierten Weg kann man kilometerweit laufen und den Kitesurfern zuschauen. Kostenfreies Parken.

Klausdorf/Marienleuchte: Schmaler Naturstrand mit Steinen und Sand, teilweise schöne Deich- und Küstenwege

Gammendorf/Grüner Brink: Sehr breiter Strand, teilweise feiner Sand, teilweise Naturstrand mit wenigen Steinen, Dünen.

Altenteil: Breiter Sandstrand mit Steinen und Dünen, kostenfreies Parken

Westermarkelsdorf: Breiter Naturstrand mit Steinen, Sand und Dünen. Hier kann man herrlich in den Dünen liegen und in den Himmel schauen. Einen kostenfreien Parkplatz (etwas holprig/mit Schlaglöchern) gibt es direkt hinter dem Deich. Wohnmobile und höhere Autos müssen vor dem Deich links parken.

Flügge: Der Flügger Strand ist vom Leuchtturm über einen schmalen Feldweg zu erreichen oder über den

Deich hinter dem Campingplatz. Der Strand ist feinsandig mit Dünen.

Bitte an allen Stränden die Ostseecard, die Hundeleine und Kotbeutel sowie - bei Wärme oder längerem Aufenthalt - eine Wasserflasche für den Hund nicht vergessen!

Eine Bitte an alle Hundehalter: Die wunderschöne Sonneninsel Fehmarn soll sauber bleiben! Bitte die Hinterlassenschaften der Hunde daher immer entfernen – vor allem aber in den Ortschaften und am Strand, wo Kinder spielen und viele Menschen sich sonnen und am Strand entlanglaufen möchten, ohne in Hundekot zu treten.

Hundefutter und Zubehör

Hundefutter bekommt man auf der Insel entweder im Supermarkt oder beim Grünen Warenhaus „Rathjen". Bei Rathjen in Burg und bei der Schlachterei Utecht in Landkirchen gibt es für Barfer auch Frostfutter.

Bei der Schlachterei Utecht ist eine Vorbestellung von dem benötigten Frostfutter empfehlenswert.

Bei Rathjen bekommt man auch diverses Hundezubehör, wie z. B. Halsbänder, Leinen, Geschirre, Wasserspielzeug und Hundekämme.

<u>Tiernahrung – auch Frostfutter und Tierzubehör:</u>

Grünes Warenhaus „Rathjen", Sahrensdorfer Straße/Ecke Osterstraße, 23769 Fehmarn, Tel. 04371/33 42 und 68 48

Frostfutter: Schlachterei Utecht, Hauptstraße 57, 23769 Fehmarn, Tel. 04371/ 6709

Tierärzte in Fehmarn u. Umgebung

Tierärztliche Notdienstnummer
0160 -96 85 9916

REGINE DÜBE-REMLING
Vadersdorf, Haus 28, 23769 Fehmarn
Tel. 04371·879749 oder 0163·6508292
Mo-Fr 10-12 Uhr und 18-19 Uhr
Außer Mi Nachmittag u. Do Vormittag
Sa 10-12 Uhr

MARITA QUACK-WILDER
Petersdorf, Gehren 1, 23769 Fehmarn,
Tel. 04372·8064254

TIERÄRZTLICHE
GEMEINSCHAFTSPRAXIS
WROBLEWSKI UND DR. SCHMIEDEL
Gartenstr. 9, 23769 Fehmarn, Tel. 04371 ·8888738
Regulär bis 19 Uhr außer Mi/Sa/So
Oldenburg, Göhler Straße 21, Tel. 04361·620102

W. PEYINGHAUS
Fischerstraße 24,23774 Heiligenhafen, Tel. 04362·7070
Burg, Süderstr. 4, 23769 Fehmarn, Tel. 01714715220
Regulär bis 19 Uhr außer Mi/Sa/So
(24-stündige Notfallbereitschaft)

R. KINKEL
Breslauer Str.24, 23758 Oldenburg, Tel. 04361-622922

Mobile Tierheilpraxis von Matthias Schlegel
Tel. 04371 8950968

TIERÄRZTLICHE KLINIK FÜR KLEINTIERE
Kiekbusch 52
23730 Neustadt in Holstein
Tel. 04561 - 166 26
Regulär bis 19.00 Uhr außer Sa/So
(24-stündige Notfallbereitschaft)

KLEINTIERKLINIK AM TIERHEIM
Lübeck GbR
Resebergweg 20
23569 Lübeck
Tel 0451 3072476
Regulär bis 20.00 Uhr außer Sa/So

Informationen für Hundehalter und Gäste in Schleswig-Holstein

zum „Hundeführerschein - Grundwissen Gefahrenvermeidung im Umgang mit Hunden" und Sachkundenachweis gem. § 8 Abs. 2" Gefahrhundegesetz Schleswig-Holstein (Auszug)

Die aufrüttelnden Pressemeldungen über einzelne Hunde, die Menschen schwer verletzten bzw. töteten, haben nicht nur zu größerem Verantwortungsbewusstsein bei erfreulich vielen Hundehaltern geführt, sondern auch zur Verschärfung von Rechtsvorschriften.

Gemäß Gefahrhundegesetz (GefHG) Schleswig-Holstein müssen alle Halter und Aufsichtspersonen von gefährlichen Hunden einen Nachweis darüber erbringen, dass sie ihren Hund so halten und führen können, dass von diesem voraussichtlich keine Gefahr für die öffentliche Sicherheit ausgeht (Sachkundenachweis).

Gefährliche Hunde im Sinne des GefHG sind:

1. Hunde der Rassen Pitbull-Terrier, American Staffordshire-Terrier, Staffordshire-Bullterrier und
Bullterrier und Mischlinge dieser Rassen.

2. Hunde, die vom Ordnungsamt als individuell gefährlich eingestuft wurden, weil sie z. B.
- einen Menschen gebissen haben,
- ein anderes Tier gebissen oder getötet haben,
- ein anderes gefährliches Verhalten zeigen (z. B. Jogger oder Radfahrer jagen).

Der Sachkundenachweis ist eine Bescheinigung über die erfolgreiche Teilnahme an einem Kurs, in welchem den Teilnehmern das notwendige Wissen über den Umgang mit Hunden vermittelt wird. Der Kurs endet mit einer Prüfung - ist diese bestanden, erhält der jeweilige Teilnehmer darüber eine

Bescheinigung, den Sachkundenachweis. Der Sachkundenachweis wird umgangssprachlich auch oft „Hundeführerschein" genannt.

Kurse zum Erwerb des Sachkundenachweises, auch „Hundeführerschein"-Kurse genannt, dürfen nur von speziell ausgebildeten Personen abgehalten werden. „Hundeführerschein"-Kurse gibt es z. B. von der Tierärzteschaft, vom VDH und BHV. Die Tierärzteschaft hat einen behördlich anerkannten „Hundeführerschein"-Kurs ausgearbeitet, den „Hundeführerschein - Grundwissen Gefahrenvermeidung im Umgang mit Hunden".

Auch wenn Sie keinen Sachkundenachweis im Sinne des Gefahrhundegesetzes benötigen, ist die Teilnahme an diesem Kurs empfehlenswert. Möglichst viele Hundehalter sollten auf freiwilliger Basis lernen, wie sie ihren Hund unter Kontrolle bringen - sei es nun ein Chihuahua, ein Dalmatiner oder ein Dobermann. Denn jeder Hund kann beißen, und eine große Zahl an Bissverletzungen fügen Hunde ihrer eigenen Familie zu. Nicht weil diese Hunde böse sind, sondern weil wir Menschen eklatante Fehler im Umgang mit unseren Hunden machen.

Um Gefahren für uns und andere zu vermeiden, brauchen wir fundiertes Wissen:

Wissen über normales Hundeverhalten, Wissen über Situationen, in denen ein Hund gefährlich werden kann, Wissen über typische Missverständnisse zwischen Mensch und Hund - und nicht zuletzt Wissen darüber, wie man seinen Hund richtig erzieht.

Wird der „Hundeführerschein" in Schleswig-Holstein von den Behörden verlangt?

In Schleswig-Holstein benötigen Halter und Aufsichtspersonen von gefährlichen Hunden einen Sachkundenachweis, umgangssprachlich auch „Hundeführerschein" genannt. Ob Ihr Hund ein „gefährlicher Hund" ist, können Sie bei Ihrem

Ordnungsamt erfragen. Hundehalter ist der Besitzer oder die Besitzerin des Hundes. Aufsichtspersonen sind Personen, die mit einem Hund spazieren gehen (z. B. Lebensgefährte der Besitzerin) oder Personen, die hin und wieder einen Hund betreuen (z. B. Freund des Besitzers). (Quelle:http://www.tierarztekammer-schleswig-Holstein.de/infos-für-tierhalter/Hundeführerschein-Sachkundenachweis.html)

Liebeserklärung von Frauchen an uns Hunde: Carlos, Barney und Marie

Der allerbeste Hund auf der Welt
Es gibt nicht vieles auf der Welt,
das mich verzaubert hält!
Doch als ich Dich gesehn
war's um mich geschehen.

Du bist so lieb und voller Leben,
mit Dir kann ich auf Wolken schweben.
Wenn ich in Deine Augen schau,
dann ist der Himmel wieder blau!

Ohne ein einziges Wort,
nimmst Du meine Sorgen fort.
Ich bin so froh, dass ich Dich habe,
Du erhellst die dunklen Tage!

Mit Dir fing das Leben ganz neu an,
was hast Du nur mit mir getan?
Ich liebe Dich und das hat einen Grund:
Du bist der allerbeste Hund!

Du schenkst mir Dein ganzes Vertrauen,
und ich kann immer auf Dich bauen!
Hab ich mal wenig Zeit für Dich, zeigst du keinen Groll
Du bist mein allerliebster Troll!

Irgendwann werden wir uns trennen müssen,
dann zerbricht die Welt unter meinen Füßen!
Vielleicht haben wir noch viel Zeit,
Ich liebe Dich bis in alle Ewigkeit !!!!!!
(Verfasser unbekannt)

Schnüffelkurse

Nasenarbeit kann für einen Hund sehr anstrengend sein, bietet aber Hund und Mensch viel Spaß und Abwechslung. Ich bin ein Beagle und kann Futter daher meilenweit gegen den Wind riechen. Meine Lieblingsbeschäftigung ist z. B. das Erschnüffeln von Leckerlies. Frauchen denkt sich immer neue Spiele für uns Hunde aus.

Sie könnten daher darüber nachdenken

bei Frauchen einen Schnüffelkurs zu buchen.

Informationen gibt es unter:
http:://www.fehmarn-mit-Hund.com

Kontakt für Schnüffelkurse:

www.fehmarn-mit-hund.com
oder
Bettina-Latt@web.de

Tel. 0157 – 34 24 20 81

Zur Autorin

Bettina Latt, Jahrgang 1964, lebt mit ihrem Mann und ihren Hunden und Pferden in einem kleinen Dorf auf der Ostseeinsel Fehmarn. Hunde und Pferde begleiten sie seit ihrer Kindheit und nehmen den größten Teil ihres Lebens ein.

Sie ist selbstständig im Bereich der Immobilienverwaltung und gibt auf Fehmarn Schnüffelkurse für Hunde.

Leseprobe aus „Die Beagle-GmbH" Eine Hundegemeinschaft mit beschränkter Haftung

12. Beagle-Blödsinn

Sein natürliches Futter besorgt sich der Beagle gern, wenn ich wieder eine Schale Gemüse püriert habe, vergesse, diese Schale auf dem Küchentresen nach hinten zu schieben und mich kurz dem Kühlschrank zuwende oder meine Hände wasche. In diesem kurzen Moment stützt sich der Beagle gern mit seinen Pfötchen am Küchentresen ab, hat eine Kunstfertigkeit mit seiner Nase entwickelt, indem er die Schale so lange hin und her schiebt, bis sie etwas übersteht, um dann mit der Nase durch einen kräftigen Stupser die Schale zum Fliegen zu bringen. Diese landet dann für gewöhnlich direkt vor seinen Pfötchen und alle Hunde – die den Beagle mit Spannung beobachtet haben – stürzen sich mit Vergnügen auf das Püree. Prima. Frauchen kann ja dann die Küche putzen, die Wände und Schränke abwischen, den Fußboden wischen und für den nächsten Tag alles noch einmal neu pürieren. Immer wieder schön sind auch abends auf dem Wohnzimmertisch vergessene Joghurtbecher, Schokoladentafeln, Bonbons und sonstige Knabbereien. Der Beagle findet sie alle, auch, wenn wir schon längst im Land der Träume sind, packt der Beagle fein säuberlich alles aus und vertilgt es. Wir dürfen dann am nächsten Morgen die Papierschnipsel beseitigen und uns ärgern, dass wir mal wieder nicht aufgepasst haben. Natürlich werden diese selbst beschafften Leckereien dann vom Beaglefutter abgezogen.

Es gibt keinen Hund, der schneller als ein Beagle mit einem vom Küchentresen gemopsten halben Weißbrot an einem vorbei, aus der Tür und in den Garten düsen kann. Auch die Brötchen aus der eben abgestellten Tasche finden denselben schnellen Weg in den Garten oder die Treppe hoch in das erste Geschoss. Flitzt man hinterher, hat der Beagle bereits mindestens zwei Brötchen vertilgt und widmet sich gerade dem dritten. Erstaunlich bei dem schnellen Weg der Nahrungsaufnahme ist, dass alle Brötchen im Beaglemagen bleiben und einen ganz natürlichen Weg der Verdauung nehmen.

Bettina Latt schildert das abwechslungsreiche Leben mit ihrem Mann, ihren Hunden und Pferden. Erfahren Sie etwas über die Hund-Mensch-Kommunikation, aber auch über die Kommunikation zwischen den Hunden. Die Autorin berichtet über Ihre Erfahrungen mit der Allergie des Beagles sowie über die Ernährung (B.A.R.F oder Trockenfutter) und die Erziehung der Hunde.

Sie beschreibt in ihrem Buch die Ausbildung der Hunde zum Pferdebegleithund und schildert die Übernahme eines Hundes aus dem Tierheim.

Reisen Sie zusammen mit der Autorin zu einer Stippvisite zu dem wunderschönen Cornwall und wandern mit ihr und der kleinen Hundemeute über die Inseln Sylt, Fehmarn, Rügen und Föhr.

Die Erzählungen über den Unsinn, den der Beagle fast täglich anstellt, machen dieses Buch zu einem besonderen Lesevergnügen.

Die in diesem Buch enthaltenen Beschäftigungsideen und Schnüffelspiele liefern einen Beitrag zu einem noch glücklicheren Leben mit Ihrem Hund.

Weitere erschienene Werke der Autorin Bettina Latt:

„Fehmarn - All inclusiv - Ein Inselplaner"

Wohin zum Frühstücken auf Fehmarn? Was unternehmen wir heute auf der Sonneninsel? Wo gibt es die schönsten Aussichten und Restaurants/Cafés direkt am Meer? Auf all diese Fragen, finden Sie in diesem Buch eine Antwort.

Machen Sie im Herbst ein Picknick auf einem der schönen Küstenpfade, wandern Sie durch ein wunderbares Naturschutzgebiet, relaxen in einer Sauna mit Meerblick oder frühstücken Sie direkt am Meer. Dieser Inselplaner unterstützt Sie hierbei, ohne lange nach dem perfekten Ort suchen zu müssen.

Das Buch enthält Tipps für Tagesausflüge nach Lübeck, Eutin/Holsteinische Schweiz und Heiligenhafen.

Egal, ob sportliche Aktivitäten oder einfach nur die Seele baumeln lassen - dieses Buch entführt Sie an die schönsten Stellen der Insel Fehmarn. Haben Sie einfach wunderbare Ferien oder ein erholsames Wochenende am Meer!

„Sylt mit Hund - Ein Inselführer"

Sylt bedeutet breite Sandstrände und Meer, reetgedeckte Friesenhäuser, unendliche Weite sowie wunderschöne Natur.
Lernen Sie in diesem Buch zusammen mit dem

Reiseführer Carlos, einem Magyar-Vizsla, die schönsten Seiten von Sylt kennen. Folgen Sie Carlos in seine Lieblingscafés und Restaurants und lernen hierbei einen kleinen Auszug aus der großen Gastronomie der Insel Sylt kennen. Lesen Sie, wo es die schönsten Sonnenuntergänge mit Meerblick inklusive auf Sylt gibt.

Kleine versteckte Ecken mit schöner Aussicht, wunderschöne Küstenpfade, Wanderungen mit Carlos durch die Heidelandschaft und lange Strandspaziergänge - all das lernen Sie zusammen mit Ihrem Hund auf Sylt kennen.

Die Autorin gibt viele persönliche Tipps für Shopping, besonders schöne Aussichtspunkte und ungewöhnlich schöne Momente mit Ihrem Hund auf Sylt.

Haben Sie mit Hilfe dieses Buches einfach einen ganz wunderbaren Urlaub mit Ihrem Hund auf Sylt!

Das Buch enthält ein Tierarztverzeichnis sowie Adressen für Hundefutter(auch B.A.R.F), Hundezubehör und Hundebettenverleih.

„Marie - Ein Magyar-Vizsla aus Ungarn- Ein Tagebuchbericht-„

Bettina Latt berichtet in diesem Buch über die Idee, einem Hund aus dem Ausland ein neues zu Hause zu geben. Lesen Sie, wieso es ein Hund aus dem Ausland wurde, mit welchen Kosten Sie rechnen müssen, welche tierärztlichen Untersuchungen notwendig sind und was noch alles zu beachten ist, bevor der neue "Mitbewohner " einziehen kann.

Das Buch enthält einige Anregungen und Spiele, die für einen ausgeglichenen zufriedenen Hund wichtig sind. Mit Kauf dieses Buches wird der Verein „Vizsla in Not e.V." unterstützt.